RETRAITES OUVRIÈRES
RETRAITES NATIONALES

8° R
21247

DU MÊME AUTEUR

N. B. — Tous ces ouvrages sont vendus au siège de l'Union fraternelle des Employés de Commerce et d'Industrie de Lyon, au profit de sa Caisse de secours.

SOUS PRESSE

EN PRÉPARATION

~~~~~~~~~~~~~~~~

Le Manuel de l'Employé aux Colonies

est honoré d'une souscription de la Chambre de Commerce de Lyon

M. P. Poncin, l'éminent géographe, inspecteur général de l'Instruction publique, qui a bien voulu écrire la préface de ce livre, s'exprime ainsi :

« On trouvera dans ce Manuel des renseignements sur toutes les provinces de notre domaine colonial. On y lira surtout, et avec le plus vif intérêt, des informations pratiques sur le commerce, la vie de l'employé de commerce dans chaque colonie, sur ses appointements, ses heures de travail, ses dépenses nécessaires pour la nourriture et le logement, ses économies possibles, ses dispositions, enfin sur l'avenir qu'il peut espérer.

« On voit quels services rendra cette publication à la cause coloniale, à la corporation laborieuse et vaillante des employés de commerce des colonies, à la France dont ils sont les utiles et pacifiques représentants. »
~~~~~~~~~~~~~~~~

8° R
21247

Retraites ouvrières
Retraites nationales

PAR

Auguste BESSE

Président de l'Union Fraternelle des Employés de Commerce
et d'Industrie de Lyon.
Administrateur de la société d'Enseignement professionnel du Rhône.
Membre du Conseil Supérieur du Travail.

> « Je crois qu'il y a au-dessus de nous, autour de nous, nous enserrant de toutes manières, une solidarité naturelle dont nous ne pouvons nous dégager. Nous naissons tous débiteurs les uns des autres. »
>
> Léon BOURGEOIS, *Solidarité.*

LYON
A. STORCK & Cⁱᵉ, IMPRIMEURS-EDITEURS.
8, Rue de la Méditerranée, 8

—

1907

Retraites ouvrières
Retraites nationales

PAR

Auguste BESSE

Président de l'Union Fraternelle des Employés de Commerce
et d'Industrie de Lyon.
Administrateur de la société d'Enseignement professionnel du Rhône.
Membre du Conseil Supérieur du Travail.

> « Je crois qu'il y a au-dessus de nous, autour de nous, nous enserrant de toutes manières, une solidarité naturelle dont nous ne pouvons nous dégager. Nous naissons tous débiteurs les uns des autres. »
>
> Léon Bourgeois, *Solidarité.*

LYON
A. STORCK & Cⁱᵉ, IMPRIMEURS-ÉDITEURS,
8, Rue de la Méditerranée, 8

—

1907

A MES COLLABORATEURS ET AMIS

Membres du Conseil d'Administration
de l'Union fraternelle des Employés de Commerce, d'Industrie,
de Banque et d'Administration de la ville de Lyon

*Je dédie cette étude qu'ils ont inspirée
par leurs conseils, leur dévouement à
la cause commune : l'amélioration des
conditions de travail de l'Employé et
en souvenir de l'affectueuse estime dont
ils m'entourent.*

A. B.

PRÉFACE

En publiant cette étude nous n'apportons pas des conseils, notre but est plus modeste, il n'aspire qu'à faire discuter des idées autour de cette question si intéressante mais si complexe des Retraites ouvrières. Sa complexité s'aperçoit surtout en comparant les diverses modalités préconisées par les meilleurs de nos législateurs.

Les uns, veulent l'organiser par la **Mutualité**, *sans souci de la provenance des ressources, basant simplement cette organisation sur l'initiative individuelle des intéressés.*

D'autres, désirent en appliquer l'exécution, par **la collaboration étroite des divers éléments du travail —** **patrons** *et* **ouvriers**, *versant une quote-part égale, pour la retraite du salarié ; c'est l'impôt perçu obligatoirement sur le travail ?*

Dans cette étude indépendante et sincère, quelles que soient les critiques qui peuvent se formuler, nous combattons la contribution du travail, dans la constitution du capital rentier — quant bien même le patron a des charges égales comme contribution à la formation de ce capital.

Pour nous, qui pensons, que l'évolution économique n'est qu'à son début, pour nous qui pensons que l'organisation individuelle du travail tend de plus en plus à laisser la place à l'organisation collective de ce travail, nous osons affirmer qu'il est juste de prévoir dans les conditions du contrat collectif, des clauses intéressantes pour l'ouvrier, telle : la participation aux bénéfices de l'entreprise, stipulant par là le devoir patronal en faveur du travailleur contribuant au succès de l'exploitation industrielle ou commerciale.

Nier que, peu à peu, le contrat collectif deviendra le régime certain des relations du travail et du capital, nier, que plus tard à ce régime se substituera l'ère de la coopérative de production soutenue par l'association coopérative de consommation, nier tout cela, c'est avouer son ignorance des phénomènes économiques et sociaux, qui lentement bouleversent le vieux monde.

Or, si nous laissons frapper le travail pour établir la retraite, à notre avis, nous faisons une œuvre mauvaise pour l'avenir, et l'avenir n'est-ce pas l'idéal de toute conception philosophique, humanitaire et morale ?

Pour la discussion il nous a paru qu'il était utile de présenter les points principaux de la controverse actuelle. Liberté-obligation, capitalisation-répartition ; de côtoyer le plus étroitement possible la **Mutualité française** *et ses institutions ; les* **retraites libres subventionnées,** *dont le meilleur exemple se puise en Belgique; enfin les* **assurances obligatoires de l'Allemagne.**

Il nous a été presque agréable de constater, dans nos recherches historiques de la question que le système des assurances allemandes tel qu'il fonctionne actuellement, n'est qu'une image infidèle de la grande pensée de Bismarck, qui, lui, voulait que tout Allemand devînt rentier, l'État abandonnant à ce service de solidarité sociale le monopole du tabac.

Que conclure de cette affirmation que l'on trouve dans le

discours de présentation du premier projet d'assurances, que lut Bismarck au parlement des Seigneurs allemands c'est qu'à notre sens, notre pays, si fier de ses initiatives et de ses libertés, ne doit pas s'enrôler sans réflexion et sans réserves dans le régime du « Caporalisme allemand » ; il nous semble qu'il faut en peser toutes les conséquences et étudier, avec la plus minutieuse attention, les raisons qu'avait Bismarck de faire un Socialisme d'Etat annéantissant le parti, considéré par lui, comme l'ennemi déterminé de l'unité Allemande et de l'Empire, il faut peser, disions-nous, si ce régime peut, sans réserve, s'adapter à notre pays.

*
* *

Le travail que nous présentons à tous les hommes s'occupant des grands problèmes sociaux, nous a paru utile à publier, émanant d'un travailleur intéressé à leur solution, et en le publiant nous avons voulu appeler l'attention du législateur, sur les charges, toujours de plus en plus lourdes, qui s'abattent sur le travail seul, sur le danger des impôts de classe, frappant généralement la partie la plus intéressante de la population : les ouvriers et les employés, réguliers dans leurs devoirs de famille ou dans leurs devoirs de citoyens.

C'est parce que nous sommes ennemis des divisions que nous pensons que la pension de Retraite ne peut pas être le lot d'une catégorie d'imposés, mais une charge de tous au profit de tous, et plus nous avançons dans l'organisation démocratique, plus nous voyons l'appat de la Retraite développer le fonctionnarisme. — Retraite servie par l'impôt perçu sur le producteur ouvrier, impôt d'autant plus élevé que l'imposé est chargé de famille et dépense tout son salaire sans pouvoir s'assurer les risques de maladie, de chômage, de décès prématuré ; or, la retraite que l'on semble vouloir offrir au travailleur ne sera jamais comparable à celle des fonctionnaires de l'Etat — pourquoi ? et d'où vient ce traitement différent entre enfants d'un même pays, ayant les mêmes droits avec les mêmes devoirs ?

Nous estimons, que quelle que soit notre place dans la société, un lien nous unit tous : c'est la solidarité ; chacun de nous, dans sa modeste sphère d'action apporte son contingent d'efforts à la vie de tous. Pauvres ou Riches, Patrons ou Ouvriers, Fonctionnaires ou Employés ne forment qu'un seul bloc : la Nation, tous ses membres doivent être unis pour atténuer les amertumes, les iniquités, les revers du sort, et dans les assurances et retraites de vieillards, chaque être doit constituer, suivant ses forces, l'amortissement du capital dont il bénéficie ou dont il fait bénéficier la société. La Retraite est une charge sociale : le service solidariste où nul n'a le droit de se soustraire, ni pour la constitution de la rente, ni pour son bénéfice.

Notre travail n'est pas une critique des hommes dont on doit respecter les idées, et remercier de leurs efforts, ils ont mis la question sur une base précise et indiscutée — la Retraite nécessaire — nous les connaissons trop pour ne pas être pénétré que leur pensée intime repose sur le bien des travailleurs en général.

Nous savons et nous les en remercions, que tout leur objectif, tout leur idéal, reposé sur cette pensée de véritable fraternité : c'est le fort qui, en se penchant vers le faible, doit lui apporter la consolation dans la douleur, la foi dans l'Espérance, et le Repos pour sa vieillesse.

AUG. BESSE.

Janvier 1907.

PREMIÈRE PARTIE

DE LA BASE DES RETRAITES

—

LIBERTÉ — OBLIGATION

CAPITALISATION — RÉPARTITION

LES RETRAITES

***

Considérations Générales.

Une nouvelle législation est ouverte, que nous réserve-t-elle ? Qui le sait ? Donnera-t-elle au Travailleur, non point tout ce qu'il est en droit d'attendre, au moins ce que le progrès social lui permet d'espérer ? (1)

Un seul parti est aujourd'hui directeur des destinées de notre pays, et il n'y a pas place ici, dans cette étude, pour applaudir ou critiquer suivant son tempérament, ses goûts, ses conceptions politiques, ses convictions, il n'y a qu'un fait à préciser, il est d'autant plus intéressant à noter, qu'il se présente pour la première fois depuis l'avènement de la République, soit depuis trente-six ans. En effet, jamais l'opposition contre le parti au pouvoir n'a été annihilée, au point de né plus compter dans les conseils gouvernementaux, si ces conseils voulaient ne jamais se préoccuper de la minorité.

Le pays attend aujourd'hui des réformes sociales, le pays attend une organisation rationnelle du travail, il a soif de paix, il s'efforce et commence à se tourner vers le sens pratique, beaucoup de travailleurs délaissent peu à

(1) Nous avons émis ces considérations en juillet 1906.   A. B.

peu les utopies pour prendre rang dans l'armée de ceux qui ne veulent que les choses possibles immédiatemeut réalisables , et pouvant entraîner, par leur réalisation, un bien-être progressif dont les premiers effets se feront sentir et constater irrémédiablement.

Vivre de travail, et pour cela, le développer; vivre de transactions commerciales, et pour cela les faciliter par l'organisation perfectionnée de notre régime commercial, bénéficier des avantages que donne le machinisme, et pour cela, adapter les conditions du travail au machinisme même; et enfin, après une tâche bien remplie, aspirer à un repos compensateur pour le travail produit, sans que ce repos fixé trop tard jette le découragement et ne devienne un bien-être rêvé jamais obtenu. Ce Repos, c'est la Retraite. Voilà l'idéal auquel il est juste de rapprocher tous les efforts de la sociologie pratique.

Quand l'on songe que la question des Retraites a préoccupé nos législateurs de 1848, on peut se demander si le progrès est véritable, mais si l'on constate que depuis cette époque, un grand nombre d'administrations de l'État, des départements et des communes, ont organisé les retraites, si l'on constate qu'un grand nombre d'industries ou de commerces ont également fait bénéfier leur personnel des bienfaits de la retraite, on est moins effrayé et l'on juge, avec moins d'étonnement, la presque inertie des travailleurs eux-mêmes pour réclamer énergiquement cette humaine compensation. Le travail étant plus régulier, les ouvriers ou employés restaient beaucoup plus longtemps attachés à l'usine où ils étaient entrés jeunes, leur vie s'accomplissait normalement, avec un budget plus modeste qu'aujourd'hui, sans doute, mais plus rémunérateur parce que régulier, et aussi parce que l'organisation des conditions d'existence était moins coûteuse.

A mesure qu'ont augmenté les difficultés de vivre, la retraite, peu à peu, a été l'appât de tout homme cherchant un travail garanti. Les caprices de la mode, la surproduction se créant, sans que le pouvoir d'achat soit entièrement en présence, le travailleur ne jouissant pas de toutes les ressources de son travail puisqu'il doit compter avec le chômage, voici des causes de cette suggestion du droit à la retraite. De plus, la part du travail étant en trop grosse partie absorbée de droits imposés par le capital intermédiaire, l'appât de retraites officielles s'explique encore aisément pour le travailleur ayant la perspective de ne pouvoir faire aucune économie en vue de ses vieux jours, tout cela, l'a incité à trouver un emploi lui assurant, à la fin de sa carrière, le « pain quotidien », si nous pouvons ainsi nous exprimer.

Certes, la retraite patronale ou d'administrations privées n'a pas toujours été loyale et sûre, de nombreux cas de renvois faits dans les chemins de fer, dans les mines, etc., sans tenir compte des droits justement et indiscutablement acquis, ont amené le législateur à se préoccuper des retraites dans ces administrations ; la loi de 1894, en imposant le livret individuel, a voulu justement donner une garantie au travailleur, au cas de rupture du contrat de louage.

Mais, à côté des abus qui on tpu se produire, on doit une entière reconnaissance aux commerçants, industriels ou actionnaires de grandes compagnies, qui ont démontré pratiquement, que le patron n'est pas quitte envers son collaborateur, par le seul payement du salaire. De même que diminue chaque année la valeur du matériel d'exploitation par l'usure journalière, de même le travailleur perd de sa valeur personnelle par l'usure de son corps, son seul capital, mis au service de l'entrepreneur, ayant le devoir d'amortir annuellement le capital humain sur les bénéfices de l'entreprise, comme il amortit son outillage. En admettant la conception de l'œuvre par le patron seul, l'exécution complète, souvent pénible, revient au travailleur, au salarié, quelle que soit sa fonction, les deux éléments se complètent donc et doivent avoir non seulement leur part de vie, mais encore leur part de bénéfices, après la levée de leur moyens d'existence à tous deux, c'est ce que nous pouvons appeler la Réserve pour la vieillesse.

Si ces idées, si ces organismes avaient été mis en pratique partout, si le patronat avait cherché les moyens d'adapter la vie économique du travailleur, au développement du machinisme et à la nouvelle organisation du travail dans l'industrie, si au lieu de se préoccuper uniquement de son intérêt personnel et de concurrencer son voisin par des tarifs toujours plus réduits, mais en rétribuant toujours par le même intérêt un capital initial ; si la part du travailleur n'avait pas diminué d'autant plus que le tarif de vente était plus réduit, nous aurions résolu, il y a longtemps, amiablement, la question des retraites et même, affirmons-le, beaucoup d'autres questions favorisant la paix sociale par l'apport de plus de justice. Mais nous avons malheureusement à constater qu'il n'en a pas été ainsi, et de chute en chute, partout où le travailleur ne s'est pas organisé syndicalement, le salaire s'est abaissé d'une telle façon que la vie est devenue insupportable pour l'ouvrier et pour sa famille. Si nous voulions, dans ce travail, arrêter l'attention de nos lecteurs sur la situation de certaines industries, nous pourrions citer telle région du Nord, par exemple, où dans l'industrie textile on ne trouve plus des hommes, on ne trouve plus des femmes, on ne trouve plus des enfants, mais des « loques », qui, faute de nourriture suffisante, ne trouvent quelque ressource d'énergie que dans le poison alcoolique.

Faut-il s'étonner après ces quelques considérations, que tous les Français aspirent au fonctionnarisme, assurant à la famille une vie régulière, par un budget régulier, assurant en même temps à son chef, une retraite modeste mais non problématique (1).

Et, cette plaie du fonctionnarisme, non seulement gangrène la ville, mais elle fait de même dans la campagne, à tel point, qu'en plus de son armée de travailleurs, la ville a encore à supporter celle des travailleurs de la campagne, s'offrant à la ville comme manœuvres ou tous autres emplois similaires, en attendant leur place au chemin de fer, au tramway, dans les postes, ou autres administrations de l'Etat, du département ou de la commune.

Conséquence de cet état de choses : l'augmentation du

(1) Il n'est pas inutile cependant de faire constater que plus le nombre des fonctionnaires augmente, plus la difficulté de les mettre à la retraite augmente dans les mêmes proportions, et il n'est pas rare, dans certaines fonctions civiles, de voir le postulant à retraite attendre, plusieurs années, sa liquidation, au grand préjudice des jeunes qui se trouvent arrêtés dans leur avancement. On peut citer les Instituteurs.　　　　A. B.

chômage dans les villes, la misère générale, et dans les campagnes, l'abandon de la culture et de la vie champêtre, seule garantie de la race, dans ses éléments sains et robustes (1).

Nous avons tenu à faire précéder notre développement de la question des retraites, de ces quelques considérations préliminaires, elles démontrent l'état de nos préoccupations, elles démontrent l'urgence d'organiser définitivement la retraite du travailleur, mais elles démontrent aussi l'urgence d'étudier avec méthode et impartialité les points principaux de cette organisation, en évitant les classes, en évitant de diviser, mais au contraire en contribuant à unir tous les Français, en évitant enfin de créer un organisme dont on ne pourrait ni prévoir, ni assurer les bases d'avenir.

Résoudre pratiquement les questions sociales nous paraît le devoir de toute bonne législation ouvrière. La science, et en l'espèce la science des actuaires, nous semble ne pas assurer le libre jeu d'une loi sur les retraites et lui donner le caractère de solidarité nationale que nous voudrions lui voir embrasser ; à cette idée générale nous allons essayer de donner un corps, une raison, une base de discussion.

Félicitons-nous, en ce moment, de voir ce problème si complexe, si ardu, mis à l'ordre du jour des réformes à exécuter légalement ; la Chambre de 1905 a fait un véritable effort, elle a mis debout un projet, elle a fait remuer des idées, son projet, pour notre part, est loin de nous

(1) Voir notre étude *L'Enseignement agricole des adultes ; son utilité contre le chômage dans les villes*, 1906. A. B.

satisfaire, mais est-ce une raison suffisante pour ne pas saluer avec joie, les artisans de ce projet ? Nous ne le croyons, pas et avant la revue que nous nous proposons d'en faire, nous rendons hommage au talent, à l'énergie, à la volonté de tous ceux qui l'ont établi et défendu, qui l'ont amendé, pour y donner plus de corps, qui en ont fait un tout : assises de la discussion future.

LIBERTÉ ET OBLIGATION
CAPITALISATION ET RÉPARTITION

Quatre points principaux vont arrêter notre attention, ce sont d'ailleurs les seuls pour lesquels la bataille des idées est ouverte. En effet, il est inutile d'ajouter que le principe d'une Retraite pour la vieillesse est admis par tous, quelle que soit la base d'établissement de cette Retraite. C'est donc un point acquis, dès lors toutes les études, toutes les controverses, tous les projets ne doivent porter que sur les moyens d'exécution.

Formuler un principe, être d'accord sur ce principe, c'est bien, c'est la démonstration qu'il faut faire agir; mais trouver les moyens financiers d'exécution, voilà la grosse difficulté à résoudre, et c'est là le côté intéressant mais délicat qui nous préoccupe.

Liberté. — Et tout d'abord, devons-nous laisser à la liberté de l'individu le soin de constituer sa retraite ? Est-ce qu'il y a véritablement besoin d'une loi, pour le laisser libre d'être prévoyant ou imprévoyant? La loi, basée sur la liberté, se préoccupera-t-elle de régulariser le travail pour que la vie du travailleur se passe sans secousse, sans écueil, sans cataclysme ; la loi se préoccupera-t-elle d'éviter aux travailleurs les arrêts forcés qui le mettent dans la dure obligation de s'endetter et de payer ses dettes pendant de longues années, annulant ses économies, pendant ce temps de remboursements du crédit consenti à sa conscience d'honnête homme ? Que viendra faire la loi dans ces circonstances ? L'État constituera-t-il une caisse spéciale — ajoutant des primes d'encouragements à ceux qui verseront, suivant le système belge ? Mais alors, les primes peuvent aller toujours aux heureux de l'existence ! à ceux qui, n'étant pas chargés de famille, jouissent d'une vie moins précaire, comme stabilité budgétaire. Est-ce bien le rôle de l'État de repousser la misère, sous le prétexte d'imprévoyance ? Et ne faut-il pas prouver que l'imprévoyant n'a pas été dans la dure nécessité de l'être ?

Et d'ailleurs, faut-il rappeler que la caisse de prévoyance libre existe depuis 1850 (1) ? C'est la Caisse Nationale des Retraites, que nous nous étonnons, pour notre part, de voir si peu connue et si peu appréciée, car elle offre véritablement le type parfait de l'assurance à la vieillesse : elle permet de verser, sans régularité, c'est-à-dire que si l'assuré peut à certaines époques de sa vie de travailleur, se rendre capable d'un effort de versement plus important, il le fait, mais s'il subit les travers si

---

(1) L'Angleterre nous a devancés dans cette création ; en effet, elle a créé, en 1833, une caisse de retraite accessible aux déposants ne jouissant pas de plus de 150 livres sterling de revenu. — La Retraite du déposant peut s'élever jusqu'à 750 francs.　　　　A. B.

communs dans la vie du travailleur, et qu'il soit dans l'obligation absolue de ne pouvoir rien distraire comme économie des produits de son travail, il ne perd aucun des droits, acquis par ses versements antérieurs et au moment d'une nouvelle marche dans la vie, il reprend ses versements à la Caisse et continue d'accroître son fonds de retraite.

Tels sont brièvement exposés les avantages de la Caisse nationale de Retraites à laquelle est adjointe une organisation de prévoyance au décès dont les effets peuvent s'adapter collectivement ou individuellement (1).

Voilà donc un organisme pour la prévoyance libre qui joint à la Mutualité, aux assurances patronales, aux mille

(1) AVANTAGES ACCORDÉS PAR L'ÉTAT AUX DÉPOSANTS A LA CAISSE NATIONALE DES RETRAITES POUR LA VIEILLESSE. — I. *Bonification des rentes liquidées par anticipation.* — Les pensions liquidées par anticipation et dont le montant est inférieur à 360 francs peuvent, dans certains cas et sur la demande des intéressés, *être bonifiées* au moyen d'une allocation spéciale.

Ces bonifications sont accordées *sous forme de rentes complémentaires* par la Commission supérieure de la Caisse nationale des retraites. Les sommes nécessaires à la constitution desdites rentes sont prélevées sur les ressources provenant d'une dotation spéciale formée du revenu de la moitié du produit de la vente des diamants de la Couronne et sur le montant d'un crédit inscrit annuellement au budget du Ministère du commerce.

II. *Encouragement à la prévoyance.* — *Majoration des rentes viagères.* — Aux termes de la loi du 31 décembre 1895, des *majorations* de rentes viagères peuvent être accordées, sur des crédits inscrits annuellement au budget, aux pensionnaires de la Caisse nationale des retraites pour la vieillesse âgés de 65 ans au moins. Pour pouvoir bénéficier de ces majorations, il est nécessaire d'avoir opéré des versements pendant 25 années au moins.

Les mêmes pensionnaires qui obtiennent une majoration peuvent rece-

et un moyens *constituant* les rouages de retraites particulières, qui aurait dû avoir plus de développement
par une active propagande; et nous pensons qu'il y aurait
eu intérêt social, à pousser au développement normal de
cette institution, et à en amener le développement et la
prospérité au profit du travailleur français.

Mais si la question n'a pas été assez mise en vedette,
cela provient certainement de notre manque d'éducation
politique, qui nous fait délaisser très souvent le côté
pratique des améliorations sociales à notre profit pour
en charger ceux qui, à tort ou à raison, jouissent de toute
notre confiance. Il nous faut des jouets, des miroirs, des
mots, et avec cela on constitue un problème à résoudre,
des promesses électorales et des mandats électifs, avec

voir, en outre, une bonification spéciale s'ils ont élevé plus de *trois
enfants.*

Les conditions à remplir pour bénéficier des dispositions de ladite loi
sont portées chaque année à la connaissance du public par le moyen
d'*affiches* apposées dans toutes les communes,

Remboursement du capital. — Les remboursements de versements à
capital réservé sont effectués *sans délai,* après le décès du titulaire, soit
aux héritiers ou *ayant droit du titulaire,* soit au *donateur* ou à ses ayants
droit.

RÉSUMÉ DES OPÉRATIONS

au 31 décembre 1905

Nombre de déposants.	2.817.485 fr.	»
Nombre de versements.	47.557.971	»
Sommes versées.	1.424.235.567	89
Nombre de rentiers existant.	279.380	»
Rentes en payement.	37.870.323	»
Capitaux remboursés après décès.	249.296.769	16

(*Voir les Tableaux annexes, page 9*)

comme objectif populaire le bien du peuple souverain...

Pour les retraites envisagées par la liberté, nous pensons donc qu'il n'y a pas besoin de lois nouvelles, mais seulement d'organiser, dans chaque ville, dans chaque département, dans chaque canton, dans toutes les plus petites communes de France, des comités, des conférences, une agitation soutenue, afin d'amener tous les Français et Françaises à se constituer un livret de retraites, soit avec capital réservé, ce qui diminue la retraite, soit à capital aliéné, ce qui l'augmente, en tous cas pour les conjoints avec réversibilité. Si véritablement il y a urgence à encourager la prévoyance, sous les réserves indiquées, pourquoi ne pas diminuer de quelques impôts spéciaux, tel, par exemple, le chapitre d'accroissement des patentes, ou toute autre partie choisie, le patron qui aurait démontré au percepteur la somme versée sur la tête de chacun de ses ouvriers et employés, et cela, par la feuille de versements à la Caisse Nationale, le contrôle effectif est facile puisque individuellement le livret porte la somme versée et même l'intérêt qu'elle produit à l'âge de la retraite, 50 ans pour les femmes, 55 ans pour les hommes (1).

Voici un principe de liberté démontré, il constitue, avec la Mutualité, un moyen d'application d'autant plus précieux qu'il est économique, pratique et n'obscurcit pas l'avenir de nuages.

Certes, nous ne prétendons pas prendre parti pour la

(1) A la dernière session du Conseil supérieur du travail, un amendement du député Groussier a été voté, sur l'organisation de l'Enseignement professionnel par les patrons. Il consacre ce principe. Novembre 1906.   A. B.

liberté, quoique séduisante ; lorsque nous voyons tous les encouragements qui ont été donnés à la Mutualité, lorsque nous voyons, que nous admirons même, le dévouement des Mutualistes à leur œuvre, et que nous mettons en regard au point de vue retraites les 87 francs de moyennes réservées annuellement aux retraites mutualistes, nous sommes profondément troublés et nous croyons sage de réserver une opinion incomplètement éclairée, d'ailleurs notre conception de la retraite est tout autre, dans ses bases.

Cependant en regard de la critique des résultats mutualistes, il est juste de constater, impartialement, que si la prévoyance libre n'a pas encore donné tous ses bienfaits, on peut dire, avec ses défenseurs, qu'elle naît à la vie. La charte constitutive de cette liberté ne date que de 1898, son organisation n'est pas complète, tout au moins quant à la Retraite, car ses retraités ne jouissent que des intérêts d'un capital constitué par des miettes de gestion de l'assurance maladie, et nous pensons que là comme en retraite, *aménier* la cotisation, c'est diminuer le bénéfice de l'effort fait par le prévoyant, semer le découragement et la méfiance du résultat pratique chez les sceptiques ou les indifférents. Les Anglais et les Allemands ont bien compris ce principe que la cotisation devait être assez élevée pour assurer largement des résultats palpables et importants ; aussi toutes leurs associations ouvrières comportent des cotisations très fortes par rapport aux habitudes françaises. Nous inclinons à penser que les Retraites n'auraient dû et ne devraient encore se constituer qu'avec une cotisation particulière, et en cela nous sommes d'accord avec le législateur de 1905 réclamant pour la retraite seule un droit spécial pour la contribution du capital à créer.

Néanmoins faut-il repousser, sans études, sans réflexions, l'organisation des Retraites par la Mutualité ? Non, nous le croyons d'autant moins, nous le répétons, que l'organisation n'est pas terminée et qu'elle ne le sera que le jour où, dans chaque commune, sera créée une société de secours mutuels avec cotisation spéciale pour la Retraite, et si nous discutons, si nous réservons même, l'opportunité de l'obligation individuelle en face de la prévoyance libre, il y a un point où nous aurions voulu véritablement l'obligation, c'est en vue de la création d'une Mutualité dans chaque commune (1), avec obligation légale de fédérer en union régionale et en fédération nationale, ces 36.000 groupements. A côté de la suggestion du cabaret qui à chaque pas tente le travailleur, il faut mettre la suggestion de la maison de la prévoyance sociale ; la société de secours mutuels dans chaque commune ferait le recrutement ; dans beaucoup de cas on ne s'affilie pas à une société voisine, mais on le ferait volontiers dans sa propre commune. Peut-être pourrait-on objecter qu'il faut un certain nombre d'affiliés pour faire fonctionner normalement une société de secours mutuels ou de retraite, nous répondrons que la

(1) Dans son rapport général sur le fonctionnement des sociétés de secours mutuels, l'éminent directeur de la Mutualité, M. BARBERET, accuse un total de 15.568 sociétés, soit 9.393 sociétés composées exclusivement d'hommes, 3.773 sociétés mixtes, 507 sociétés de femmes et 1895 sociétés scolaires. Ces associations comptent 2.977.640 Mutualités se divisant en 381.982 membres honoraires, 2.595.658 membres actifs, 51.664.157 hommes, 363.099 femmes et 588.402 enfants. Rapport de M. BARBERET, 1905. — Les statistiques 1906, ne sont pas encore parues.

fédération par chef-lieu de canton ou arrondissement, aplanirait cette difficulté.

Ce principe obligatoire serait été d'autant mieux compris que les contribuables français versent individuellement, par leurs impôts, une contribution, qui deviendra de plus en plus lourde, sous forme de subventions et de garantie d'intérêts de 4 1/2 p. 100 aux dépôts des sociétés de secours mutuels, et nous craignons que ces subventions et cette garantie disparaissent le jour où l'Etat constituera lui-même la retraite, car il devra augmenter, chaque année de sommes considérables, le budget des retraites, qui jointes au budget réclamé par la stricte application de la loi d'invalidité de juillet 1905, constituera une charge financière tellement écrasante qu'elle sera au-dessus de la force contributive de l'impôt; de là, la suppression éventuelle des garanties données aux fonds mutualistes par la loi de 1898 (1).

Nous n'avançons rien de problématique, au moment où

(1) Dans le budget général de l'exercice 1906, rapporteur général M. BAUDIN, on trouve les chiffres suivants :

Subvention aux sociétés de secours mutuels . . . . . 340.000 fr.
Subvention aux sociétés ne constituant pas de retraites . 375.000 —
Majoration de pension de retraite des membres des
    sociétés de secours mutuels . . . . 1.200.000 —
Bonification d'intérêts aux sociétés de secours mutuels
    (garantis de l'article 21 P., loi 1898) . . . . 2.900.000 —

Comment l'Etat garantira-t-il ces sommes, qui progresseront rapidement par la formation de mutualités nouvelles, quand il devra assurer les subventions particulières des Retraites ouvrières et appliquer rigoureusement la loi d'invalidité de juillet 1905, évaluée à 160 milliers pour l'année 1907.   A. B.

nous écrivons, un litige financier existe dans l'application de la loi sur l'invalidité, parce que le ministre de l'Intérieur, d'accord en cela avec le ministre des Finances, vient d'appeler l'attention des préfets sur le chiffre de 5 francs par mois, qu'il a accordé comme part de l'Etat dans l'application de cette loi, aux vieillards et infirmes du travail (1).

Nous avons résumé impartialement les bons et mauvais côtés de la prévoyance libre ; nous avons déploré que les retraites des travailleurs ne puissent se constituer par l'organisme industriel et commercial patronal, versant sur la tête de chaque collaborateur de l'entreprise sa part de bénéfices, lui aidant à se constituer une retraite, soit par l'achat d'un logis, soit par une assurance vie garantie, soit par un contrat de retraite à époque fixe.

Nous le regrettons d'autant plus que cette organisation, véritablement basée sur la liberté et la justice, aurait constitué le meilleur élément de fonds que l'on puisse trouver, elle aurait limité normalement la tâche du collaborateur qui, à l'âge déterminé, aurait cédé sa place, au jeune, diminuant par là un puissant élément de chômage : le travail forcé du vétéran.

Certes, nous n'ignorons pas qu'à la faveur de cette argumentation un grand nombre d'ouvriers isolés seraient restés en souffrance dans cette loi humaine, mais n'est-ce pas une exception de principe, quant à présent seulement, puisque le travail, qu'il soit industriel, commercial, agri-

(1) Ce litige a été heureusement aplani après entente entre le Ministre et la Commission du budget, mais il était urgent de faire la constatation.　　　　　　　　　　　　　　　　　　A. B.

cole, se transforme d'individualiste en collectif; n'aurions-nous eu qu'une première base de retraite ouvrière que, semblable à l'Allemagne qui a procédé par catégorie pro·fessionnelle, puis par catégorie de risques dans ses assurances sociales, cette base aurait été précieuse.

L'obligation. — Nous allons déterminer un deuxième point de la discussion sur les retraites, celui-ci est la base de l'économie interventioniste qui, elle, ne fait aucun crédit à la volonté, à l'effort individuel, mais proclame, par sa théorie même, que chaque membre de la société a besoin d'un tuteur : l'État, dont la fonction doit être d'imposer sa volonté, de militariser, en un mot, tous les éléments formant une agglomération.

Si nous examinons bien impartialement les attaques et la défense de cette thèse de l'obligation, son acceptation est séduisante, elle peut avoir d'heureux effets sur ceux, qui n'ont pour la prévoyance qu'une sympathie bien minime, qui vivent au jour le jour par entraînement, par besoin ou par indifférence. Disons de suite, cependant, que dans la prévoyance tout dépend de la situation plus ou moins précaire dont jouit le travailleur dans le cours de sa vie de travail.

Il est rare que celui qui a eu la chance de rester attaché à la même maison très longtemps, qui y a passé sa vie, qui a pu élever une famille, n'ait pas constitué, sous une forme ou sous une autre un capital d'invalidité.

Nous croyons peu au tableau du travailleur honnête et laborieux toute sa vie, entouré d'une famille, pouvant être à la charge complète de la société, c'est rendre notre société plus méchante, plus injuste, plus indifférente qu'elle ne l'est en réalité.

La bienfaisance s'exerce beaucoup plus dans la pleine maturité du travailleur (1) qu'à son déclin, soit parce qu'il a des charges excessives par la mauvaise organisation de l'impôt (2) qui réclame plus à l'homme chargé de famille qu'à un célibataire ou au ménage sans enfants, soit par une mauvaise organisation du travail et de la répartition des bénéfices de ce travail, soit par le chômage devenant non plus un accident, mais un état permanent contre lequel l'assurance même est impuissante, car elle soulage le mal, mais ne le prévient pas.

Que l'on ouvre les statistiques récapitulatives de l'Assistance publique et l'on verra combien nous avons raison de dire que le tableau est souvent poussé au noir, en matière de retraite de la vieillesse, du moins quant au travailleur.

Si nous sommes partisans résolus du principe de la retraite à un âge déterminé, c'est d'abord par devoir collectif envers le producteur, et aussi parce que nous voyons là, un moyen de diminuer une partie du chômage involontaire, en assignant un temps de production à l'individu, en limitant impitoyablement ce temps de production à un âge déterminé, imitant d'ailleurs en cela l'État pour ses fonctionnaires civils et militaires. En un mot, la Retraite

---

(1) Dans la région du Nord de la France, tout particulièrement dans l'industrie « textile », il est démontré qu'un tiers des ouvriers sont inscrits au bureau de bienfaisance.

(2) Nous visons non seulement l'impôt de consommation, mais même la contribution que lui réclame l'État sur son budget locatif, devenant de plus en plus fort, à mesure que s'agrandit la famille !   A. B.

doit être la **limite de la tâche sociale de l'individu en faveur de la collectivité.**

Mais avons-nous le droit de limiter cette tâche pour les uns et non pour les autres ? c'est ce qui arrive aujourd'hui pour les retraites de fonctionnaires, c'est ce qui arrivera demain avec les retraites de quelques catégories de travailleurs, sans diminuer sensiblement l'armée des malheureux tombés dans la bataille, et où l'on trouve plus de gens déchus de situations brillantes que de travailleurs.

De nombreuses observations nous démontrent impitoyablement qu'un travailleur n'ayant jamais rien possédé ne tombe jamais aussi bas dans la société qu'un être ayant possédé richesses, instruction, bien-être. L'enfant né sans ces biens, puise, en revanche, dans la misère de sa famille, dans ses luttes pour la vie, les qualités d'énergie, de volonté, de persévérance, qui complètent notre affirmation.

L'obligation de la Retraite à notre avis, ne changera rien à cet état de choses, à moins que cette obligation ne soit pas limitée à telle ou telle catégorie, et que la Retraite soit nationale et non particulière, mettant tous les Français au même niveau, ne prenant pas sur l'homme qui peine de quoi faire des rentes à une nombreuse catégorie d'intéressés ayant la stabilité de l'emploi, le minimum de travail et un minimum de salaire s'élevant peu à peu.

En résumé, l'obligation nous séduit, si elle doit s'exercer sur l'ensemble des individus surtout en exécutant cette obligation comme élément de solidarité nationale, c'est le règne de la justice et de la fraternité !

Mais si l'obligation doit s'exercer par classe, si la famille de quelques-uns, soigneusement triés par la loi, doit se voir privée des mille choses qui font le bien-être, si les économies du travailleur, si difficiles à réaliser, doivent échoir à la caisse générale de l'État pour servir des intérêts, qui risquent de devenir d'autant plus bas que le fond de dépôt sera plus fort, l'obligation dans ce sens, nous semble mauvaise, et il serait préférable, à notre avis, de développer les facilités accordées aux Mutualistes, comme nous le disions, de créer une association dans chaque commune, de développer et *d'appliquer très largement les prescriptions de la loi sur l'invalidité de juillet 1905 pour que la vieillesse devienne elle aussi un droit sans conteste aux secours réguliers de l'Etat, du département et de la commune.* N'est-ce pas là le premier pallier d'observation des charges financières ?

Si nous ne nous rangeons pas avec ceux qui affirment que l'obligation dans la prévoyance engendre l'imprévoyance (1) nous pensons que l'obligation, pour être salutaire, ne doit pas créer de classes, elle diminue l'effort dans la propagande individuelle, et fait tomber le sentiment de solidarité des individus dans une ornière d'égoïsme et d'indifférence.

Mettant en regard : Liberté et Obligation, nous pensons qu'il y a des situations où il y a urgence à créer l'obligation, mais, nous le répétons, à la condition que cette obligation ne crée pas des inégalités de traitement et des charges, et c'est ce qui nous inquiète dans le projet de retraites ouvrières voté par la législation, projet en ce moment au Sénat.

(1) Un exemple peut contredire cette thèse: celui des employés de l'Etat qui, pour la grande majorité, réalisent quelques économies pendant leur service actif, quoiqu'ils soient assurés d'une retraite.   A. B.

Comme la plupart des réformes sociales basées sur la participation budgétaire de l'État, la loi telle qu'elle est proposée, à notre sens, chargera seulement les classes moyennes, sans diminuer le lourd budget d'assistance, sans diminuer le chômage, puisqu'on sera libre de mourir à la peine ayant la liberté de ne pas bénéficier de sa retraite.

Enfin, les heureux de la vie se désintéresseront d'un service auquel rien de la loi ne les attache.

Nous nous proposons de faire la revue de cette loi, tout en rendant justice aux sentiments élevés qui ont dicté son élaboration et sa défense.

CAPITALISATION ET RÉPARTITION

Ainsi que nous l'avons indiqué au commencement de la première partie de cette étude, quatre points servent de controverse à l'établissement des retraites : liberté, obligation, capitalisation, répartition. Nous avons analysé les avantages et les inconvénients des deux premiers points en discussion ; nous allons examiner les avantages et les inconvénients des deux derniers, et tout d'abord qu'est-ce que la capitalisation, qu'est-ce que la répartition ?

Capitalisation. — La capitalisation, c'est l'accumulation des **économies** devant former le capital et dont le bénéficiaire touche seulement les intérêts.

La répartition, au contraire, est la **distribution annuelle** des **sommes recueillies** au profit des intéressés, en l'espèce, les ayants droit à la retraite.

La capitalisation est loin de nous séduire ; nous la prévoyons grosse de dangers ; nous la combattons, car elle glane les économies du travail, elle prive la communauté des jouissances productrices de ces économies que la plupart des chefs de famille peuvent convertir en bien-être pour la famille par l'achat d'un toit, d'un terrain qu'ils peuvent payer par amortissements.

Elle nous effraye par le manque de stabilité de l'intérêt, tendant à s'abaisser à mesure que se constitue plus fortement et plus considérablement le capital.

Certes, nous savons que l'on peut ne pas laisser inertes dans les caisses de l'Etat les capitaux amassés, que l'on peut en tirer intérêts par des prêts aux départements, aux communes, aux entreprises privées, mais cet emploi ne diminue pas nos craintes, et elles s'augmentent au contraire d'une appréhension : celle de la concurrence du loyer de l'argent telle qu'elle s'exerce dans le commerce, l'industrie ou les grandes exploitations de transport.

Est-il juste, est-il moral même de sortir les économies de la famille, les sommes dues au travail seul, pour en faire bénéficier l'exploitation : le capital ? Nous ne le croyons pas ; nous osons même affirmer que ce principe ne devrait pas faire la base d'une loi dont l'avenir a besoin d'être si minutieusement assuré.

Mais cette capitalisation est d'autant plus injuste que le capital amassé ne profite qu'à 8 p. 100 des vieillards arrivés à la liquidation de la retraite, et les statistiques nous démontrent que cette retraite n'est normalement servie que pendant cinq ans ; or, quatre-vingt-douze travailleurs abandonnent les économies de toute leur vie, se sont privés de beaucoup de joie, ont abandonné la satisfaction de faire profiter la famille des économies prises sur le bien-être de cette famille même, et comme résultat : le néant. Non, la capitalisation ne peut pas exister dans cette loi, et nous allons plus loin : nous affirmons même qu'avec ce système l'Etat n'égalise pas les avantages des assurances-vie ; en effet, ces assurances offrent de nombreuses combinaisons, telle l'assurance-vie à contrat déterminé, permettant de retirer le capital souscrit, sans intérêt, et d'être inscrit pour les intérêts à une rente annuelle viagère de somme égale au versement fait chaque année.

Cette opinion que nous partageons absolument n'est d'ailleurs pas nouvelle ; nous la trouvons très bien exposée dans de nombreux documents de l'enquête faite dans les syndicats en 1900. Trente ans de versements à 11 fr. 50 produisent à l'assurance privée 100 francs de rente, l'Etat nous demande 12 fr. 50.

Trente ans de versements rapportent, à 50 francs de versement annuel à l'Etat, 350 francs ; l'assurance privée, 446 francs (1).

Mais nous discuterons d'ailleurs plus à fond cette question dans l'étude de la loi et dans ses principes essentiels.

Répartition. — Il nous faut examiner le dernier point de discussion des bases de retraites, la répartition. Nous l'avons dit, la répartition, c'est le versement immédiat des sommes recueillies par les cotisations au profit des ayants droit à la retraite.

Ses avantages nous semblent considérables dans l'espèce si les sommes versées ne constituent pas un capi-

(1) Référendum, Confédération générale du travail, 1901.

tal pour l'avenir, si ces sommes ne constituent pas des réserves, que nous jugeons inutiles dans l'Etat qui vit de ressources annuelles et non d'intérêts ; ils procurent une rente plus forte aux retraités, et si quelques troubles se formaient dès le début, l'expérience rétablirait bien vite un fonctionnement normal.

Nous ne cesserons de dire qu'en question de législation de retraites par l'Etat, la répartition est la base la plus rationnelle de réglementer ces retraites, car si elle expose à quelques aléas, les premières années de fonctionnement, la capitalisation offre un danger beaucoup plus grand : d'abord en retirant les économies à 92 p. 100 de travailleurs pour en doter 8 p. 100 à soixante ans, et ne faire bénéficier ces derniers que d'environ cinq ans de retraite.

Prenons, par exemple, un appointement de 1.000 francs : avec versement annuel de 40 francs. Les statistiques officielles accusent 5.602.000 ouvriers ou employés, en prenant pour base le chiffre de 8 p. 100 vivant à soixante ans, nous en aurons 448.160 à retraiter, nous aurons donc 5.154.000 cotisants. Basant la cotisation de chacun sur 1.000 francs de salaire annuel, le rendement des cotisations sera de 206.000.000 de francs par an, la retraite de 448.160 vieillards à 360 francs produit un total de 161.337.000 francs soustrait de 206 millions, l'Etat économise donc 44 millions, ce qu'il est difficile d'admettre ; mais reportons-nous au chiffre colossal de cette économie annuelle dans trente ans, et mettons en regard la somme qui serait répartie chaque année par le système de la répartition au lieu de la capitalisation, 44 millions devront se partager entre les 448.160 retraités, soit 98 fr. 20 par tête.

Cette différence entre la capitalisation et la répartition

n'a d'ailleurs pas échappé aux groupements consultés en 1901. En effet, nous trouvons, dans les annexes du savant rapport de M. Guieysse, l'éminent député (1), le tableau suivant :

CAPITALISATION ET RÉPARTITION

	Capitalisation	Répartition
Chambres de Commerce et Chambres consultatives des Arts et Manufactures.	2	15
Syndicats patronaux.	9	22
Syndicats mixtes.	1	2
Syndicats ouvriers et Bourses du Travail. . . .	11	156
Syndicats agricoles.	43	8
	66	203

Est-ce à dire que tous les groupements consultés n'ont pas fait les études nécessaires ? Nous ne le croyons pas. Tous les groupements sont sympathiques à l'idée de retraites quels que soient leurs moyens d'établissement. Il faut donc en conclure, au contraire, que, dans la majorité des groupements consultés, des études très consciencieuses ont été faites, analysant les avantages de la capitalisation et de la répartition, et c'est en toute connaissance de cause qu'ils se prononcèrent pour cette dernière. Faut-il ajouter pour conclure et nous prononcer chaleureusement pour la répartition, que même M. Millerand, dans son discours du 12 février 1898, se prononçait en ces termes contre la capitalisation :

(1) Rapport général, M. GUIEYSSE.

« La conclusion du système de la capitalisation, c'est qu'il faudra d'abord que les travailleurs qui auront déposé leurs versements hebdomadaires attendent vingt à vingt-cinq ans, avant que la loi commence à produire ses effets.

« Lorsque l'on aura amassé 20, 30 ou 40 milliards, on pourra penser à distribuer des retraites.

« Quelle assemblée voudra jamais d'une pareille loi et consentira à infliger immédiatement des sacrifices toujours très lourds à tous les travailleurs, avec l'espoir qu'un quart de siècle plus tard, ces sacrifices porteront des fruits. »

Dans cette première partie de notre étude, nous nous sommes efforcés de rendre très claires les contradictions sur la liberté et l'obligation : la capitalisation et la répartition.

Notre conclusion personnelle sur ces questions sera brève :

Si l'obligation embrasse l'ensemble de la nation nous sommes pour l'obligation, et si cette obligation se résume seulement pour quelques catégories de travailleurs, nous sommes pour la liberté, mais avec l'obligation de créer dans chaque commune, une association mutualiste, l'obligation de fédérer ces associations par canton, par département, par régions.

(1) A. MILLERAND, discours.

Quant à la Capitalisation et Répartition, nous sommes franchement pour la seconde solution, nous en avons exposé les raisons, nous n'avons rien à y ajouter.

La deuxième partie de notre travail va porter sur l'analyse et la critique de la loi présentement en discussion au Sénat.

DEUXIÈME PARTIE

ÉTUDE DE LA LOI
VOTÉE PAR LA CHAMBRE DES DÉPUTÉS

le 23 février 1906

—

AVANTAGES ET INCONVÉNIENTS

RÉGIME BELGE

RÉGIME ALLEMAND

CONSIDÉRATIONS GÉNÉRALES

sur la loi de Février 1906

La garantie du repos de la vieillesse, si énergiquement réclamée par le monde du travail, est entrée dans une phase décisive depuis le 23 février 1906 ; en effet, une loi a été votée par la Chambre des députés, elle est en étude au Sénat et l'on peut augurer que cette réforme sociale et humanitaire s'accomplira normalement.

Cependant, doit-on conserver à sa base de ressource : la participation du travail seul ? Nous ne le croyons pas, quoique ce soit la base même des retraites civiles ayant comme fonds initial 5 p. 100 de retenue sur l'appointement.

Mais si la situation du fonctionnaire est sûre, sans arrêt, si le fonctionnaire, quel que soit son rang, peut établir mathématiquement son budget de dépenses, étant certain de ses recettes, il n'en est pas de même pour le travailleur, ouvrier ou employé, devant compter avec le chômage, avec les cataclysmes commerciaux ou industriels, disparition de maison, faillite, transformation, conflits industriels ou commerciaux, etc... Tout est contré l'ouvrier, toutes les crises le touchent dans ses intérêts généraux ; le fonctionnaire, lui, reste toujours en place, passant ponctuellement à la Trésorerie, pour y toucher mensuellement son traitement. Malgré les catastrophes qui peuvent s'abattre sur le pays, la guerre, par exemple, son avancement ne se trouve pas retardé, et mathématiquement il parvient à sa classe, suivant son ancienneté de service, — quand des faveurs ne le poussent pas plus rapidement que son tour.

Qu'il soit malade, il est payé, il trouve toujours un médecin et des médicaments gratuits ; que l'ouvrier ou l'employé tombe malade, lui, il doit cesser son travail, il n'est pas payé, médecins et pharmaciens ne sont pas à sa disposition, à moins qu'il paie sa société de secours mutuels, encore faut-il qu'il y en ait une dans sa commune ; et pendant cette maladie, le salaire disparaissant, la famille tombe dans la misère, et de longtemps le ménage se ressentira de cet arrêt de ressources du chef de famille.

Mais, il n'y a pas que lui, il y a la famille, et en examinant de très près la situation pécuniaire qui lui est faite par l'échelle des salaires payés dans les diverses professions ou industries, déduction faite du chômage, — il faut en conclure que les deux tiers au moins ne peuvent subir normalement la retenue de 4 p. 100 sur leur salaire quotidien.

Voilà donc un point bien établi : il ne faut pas comparer la situation du fonctionnaire à celle de l'ouvrier et de l'employé, et voici la raison pour laquelle il est injuste de faire payer au travail seul la retraite de l'ouvrier, sans même assurer sur sa veuve la réversibilité de pensions, ainsi que cela se pratique dans les pensions civiles et militaires (1).

(1) Abus est même fait de cette réversibilité ; nous connaissons des cas où des veuves remariées trois fois touchent trois réversibilités de leurs défunts maris.

En revanche, nous connaissons des femmes de fonctionnaires ayant perdu leur mari au bout de 29 ans 1/2 de service et n'ayant aucun secours, aucune Retraite par réversibilité.   A. B.

La Loi. — Mais étudions la loi, le législateur français désireux de faire des retraites aux salariés, a basé son application sur la triple participation du patron, de l'ouvrier et problématiquement de celle de l'Etat; il a institué l'obligation et déterminé l'âge de la retraite à 60 ans, il prélève 2 p. 100 sur le salaire jusqu'à concurrence de 2.400 francs d'appointements annuels, le patron doit verser obligatoirement 2 p. 100 également, et l'Etat, lui, se réserve de participer seulement dans le cas où la Capitalisation des sommes versées pendant 35 à 40 ans ne produirait pas 360 francs de rente fixés par le législateur.

Il est donc bien déterminé que l'Etat ne verse rien, ne participe en rien dans la constitution, sauf dans l'emploi de caissier qu'il s'attribue généreusement, mais sa générosité pécuniaire ne se présentera qu'à 60 ans, si la somme économisée ne produit pas 360 francs de rente... et si le travailleur n'est pas mort.

Cette participation de l'Etat est donc illusoire, il faut qu'elle soit bien déterminée, car on pourrait comprendre à première vue, que la retraite s'établit réellement sur la triple participation, du patron, de l'ouvrier et de l'Etat, tandis qu'en fait la participation de l'Etat n'est qu'un accident qui pourra se produire huit fois sur cent ouvriers ayant constitué le capital rentier.

Tout autre résultat se produirait si l'Etat versait immédiatement 2 p. 100 de prime, sa part aux économies du travail.

Ne fait-il pas ainsi pour ses fonctionnaires puisqu'il rentre dans la caisse 24 millions de leurs retenues et qu'il leur en est versé 89 chaque année et le chiffre monte toujours. Telle est, bien déterminée, la participation réelle de l'Etat.

Mais voyons les bénéficiaires de la loi qui, tous ne suivent pas le même régime : 1° tous les salariés du commerce et de l'industrie, régime obligatoire; 2° les petits patrons, les petits commerçants, les artisans, tous les Français ne payant pas 20 francs d'impôt en principal des contributions directes, pour ceux-là : régime facultatif; 3° enfin, les colons partiaires et métayers peuvent se soustraire à l'obligation de la loi, si bon leur semble, par une simple déclaration à la mairie, pour cette catégorie, régime facultativement obligatoire.

En ne décrétant le régime strictement obligatoire que pour les ouvriers et employés et les domestiques attachés à la personne d'autrui, le législateur établit très justement les assises de la loi, car ces catégories de travailleurs sont généralement contrôlables dans leur travail et dans leur résidence, et pour les domestiques attachés à la personne, il a eu bien soin de stipuler : « recevant un salaire en espèce ou en nature, fixe ou donné sous forme de pourboire ». De ce fait : les garçons de café, les coiffeurs, voient consacrer par la loi, un usage que beaucoup réprouvent pour leur dignité de travailleurs (1). Comment va-t-on faire pour contrôler la journée de pourboire de ces employés? Nous laissons la question sans réponse ? Le législateur l'a sans doute trouvée.

En décrétant la faculté pour le petit commerçant ou le

(1) Récemment le syndicat ouvrier de l'alimentation parisienne a commencé une campagne contre le pourboire, qui est indigne de travailleurs, et dont le bénéfice profite aux patrons.

A. B.

petit patron d'user de la loi, le législateur n'a pas risqué une grosse partie, mais il a répondu à la critique de beaucoup de ces petits patrons, réclamant leur qualité d'ouvrier, tel le charron, le forgeron, le maréchal-ferrant travaillant seul ou avec un aide, la loi, dans ce cas, autorise ces travailleurs à opérer des versements qui ne doivent pas être inférieurs à 1 franc et supérieurs à 500 francs dans l'année (1).

(1) Mais d'autres catégories sont très intéressantes, par exemple les représentants de commerce, payés par commission et travaillant pour plusieurs patrons. Comment ces derniers vont-ils verser la prime ?

Et les comptables ambulants ?

Et puisque nous parlons d'oubli dans la loi, pourquoi ne pas parler et mettre en lumière ce fait indigne de notre pays ; la négligence de l'État pour les savants, dont la situation mérite bien d'être examinée.

Il existe, en effet, une classe d'agrégés, nommés au concours pour neuf ans, devant avoir de trente à trente-trois ans pour concourir et qui n'ont aucune *garantie, ni de retraites, ni d'emploi.*

Leur traitement est ainsi fixé :

    Professeur. . . . . 3.400 francs
    Chargé de cours supplément de. . . . . . 1.000 francs

Il y a bien pendant ce temps des concours comme professeurs titulaires, mais tous ne peuvent arriver, et au bout de neuf ans de services, les agrégés sont impitoyablement remplacés... sans secours et sans ressources ayant atteint quarante-deux à quarante-quatre ans.

Pour les docteurs en Médecine pratiquants, le titre d'agrégé est appréciable, mais il y a les spécialistes, qui passent leur vie dans les recherches ; agrégé de sciences : naturelles, chimie, physique, histologie, physiologie, anatomie, etc., ceux-là, qui travaillent pour la science pure, en lui consacrant le meilleur de leur intelligence, sans moyen de se créer des ressources, l'État les abandonne et beaucoup sont dans une situation voisine de la misère tout en ayant subi des retenues versées à la caisse de pensions civiles.

La loi de 1905 — les oublie !   A. B.

Enfin, la population agricole est notée dans la loi plutôt à titre d'indication de la profession comme bénéficiaire libre dans l'obligation, mais le cultivateur, quelle que soit sa catégorie, propriétaire ou fermier, est tenu d'appliquer la loi pour les ouvriers qu'il emploierait temporairement. Il y a là une très grosse difficulté d'application et de contrôle, nombreux sont les aides-cultivateurs dans les communes vivant de coup « de mains » dans différentes exploitations agricoles.

Voici donc résumés les trois classes de bénéficiaires et les trois régimes qui leur sont dévolus.

Mais pour bien préciser l'inégalité de traitement entre le travailleur qui produit et le fonctionnaire, nous revenons à notre parallèle, et nous allons constater l'inégalité du traitement par des chiffres.

Dans la loi votée par la Chambre des Députés, l'État n'intervient comme concours financier seulement, s'il n'a pu faire constituer le capital produisant 360 francs de rente, sans garantir l'intérêt composé à un taux quelconque, mais pour ses fonctionnaires civils et ses ouvriers, il assure aux premiers pour la plupart des cas, deux tiers du traitement annuel au bout de 30 ans de service, en limitant il est vrai la pension à 6.000 francs pour les employés directs de l'État et 4.500, taux des départements, quand même ces fonctionnaires seront arrivés à un traitement annuel de 100.000 francs. Les ambassadeurs dont quelques-uns touchent 150 et 200.000 francs reçoivent encore une pension de 12.000 francs à la fin de leur carrière.

Pour ses ouvriers, il assure, après 25 ans de service à 3 p. 100 de retenue :

Marine, à 50 ans . . . .   6oo francs
Chef armurier   700   —

Retraite réversible sur la veuve pour deux tiers. Ouvriers des manufactures de tabacs, versement 4 p. 100 :

Aux hommes âgés de 55 ans . . . .   6oo francs
Aux femmes âgées de 5o ans. . . . .   4oo   —   (1).

Dans la loi en projet, l'État n'assure que 36o francs en escomptant que la plupart des bénéficiaires auront versé le capital formant cette somme et absorbant le capital sans réversibilité sur la veuve,. ou du moins en donnant un secours immédiat dérisoire.

Il y a bien dans la loi, la faculté de réserver le capital au lieu de l'aliéner, mais, le versement patronal est toujours à capital aliéné, c'est donc la moitié du capital versé seulement inaliénable, mais l'État ne majore la retraite que pour la somme qu'aurait produit le capital général; en l'espèce, le travailleur ayant réservé, en assurance-vie, la moitié du capital ressortant de son travail, au profit de sa famille, est immédiatement privé, par sa prévoyance, de l'encouragement complet de l'État.

De plus, comment le législateur va-t-il mettre en harmonie la sympathie qu'il a dû accorder aux sociétés de secours mutuels avec l'article 21 de la charte constitutive de 1898, interdisant aux mutualistes d'avoir plusieurs retraites sous peine de radiation de supplément de rente à 3oo francs ?

Il y a là un fait très grave à discuter et à mettre au point, la loi est muette à cet égard. Est-ce qu'il y aurait

---

(1) Nous ne trouvons pas excessives ces retraites de travailleurs, nous ne faisons que constater une inégalité.   A. B.

quelques raisons de penser ce que nous disions au début de notre étude, qu'il nous paraît que la charge financière mutualiste jointe à la participation de l'État pour l'application de la loi d'invalidité, jointe à celle des retraites ouvrières, deviendra tellement écrasante que, malgré toute la bonne volonté et la science des Ministres des Finances, cette charge ne pourra pas être supportée normalement par le pays ?

Pour avoir droit à la retraite, nous l'avons vu, la part de l'État est illusoire, pendant tout le temps que se constitue le capital, il ne garantit pas même un intérêt des sommes qui lui sont confiées. Nous devons donc former nous-mêmes ce capital par une retenue de 4 p. 100 sur nos salaires, jusqu'à concurrence de 2.400 francs d'appointement, le législateur dit 2 p. 100 pour l'ouvrier, 2 p. 100 pour le patron; dans la pratique, nous disons, nous, 4 p. 100 de réduction sur notre salaire régulier. Nous voyons de plus un danger certain dans cette prime fixe de 2 p. 100 sur notre salaire que devra payer le patron. Ce dernier aura-t-il intérêt à augmenter les salaires puisque plus l'ouvrier ou l'employé gagnera, plus il devra contribuer à la caisse des Retraites ? N'y aura-t-il pas là un arrêt certain, une barrière souvent infranchissable pour faire graduellement bénéficier d'augmentation un employé méritant, n'est-il pas dans le monde du travail un élément de plus à compromettre la paix sociale entre patrons et ouvriers, par les grèves pour demande d'augmentation de salaire, puisqu'il y aura pour le travailleur un supplément de charge de 4 p. 100 (1) ?

(1) La loi allemande annule dans une certaine mesure cet inconvénient : 1° en fixant la somme à verser sur la moyenne des salaires de la

En matière économique, le cœur disparaît pour faire malheureusement place à l'égoïsme, c'est contre cet esprit que sont faites les lois de garantie et de protection ouvrières, c'est en face de ce sentiment que doivent se placer les Législateurs.

Nous n'avons pas d'observations à formuler sur les droits des étrangers, lorsqu'ils ont cinq ans de résidence dans notre pays, surtout si ces derniers nous rendent le réciproque pour nos nationaux, et la loi nous paraîtra juste quand l'entente internationale sera faite en la matière.

Nous n'avons pas davantage de critiques à formuler contre la prescription qui exempte de versement le salaire moindre de 1 fr. 50, cette prescription ne nous intéresse pas, et se peut-il qu'en plein xx⁰ siècle on puisse supposer que des êtres humains gagnent moins de 1 fr. 50 par jour? De quoi peuvent-ils vivre ?

Contrôle. — La loi nous indique deux moyens de contrôle, le livret individuel et la carte d'identité sur lesquels des timbres sont posés, tous les 15 jours pour les ouvriers, tous les mois pour les employés.

Un point important se présente, l'obligation existe, mais elle ne fixe pas d'âge du commencement, si ce n'est cependant qu'il faut avoir versé pendant 30 ans une moyenne annuelle de 250 journées pour être candidat à Retraite à 60 ans; mais si l'on suit avec attention la discussion qui s'est prolongée pendant 40 séances à la Chambre, on est frappé de l'idée dominante de tous les

profession ; 2⁰ en fixant les tarifs afférents aux catégories, tous les 10 ans.

A. B.

orateurs, de préconiser les versements le plus tôt possible, cela s'explique aisément, il s'agit de diminuer la part de majoration que l'Etat s'engage à faire pour toute pension qui n'atteindra pas 36o francs, l'intérêt de l'Etat est donc de pousser à une longue suite d'efforts, en déterminant bien dans l'esprit du déposant, qu'en versant jeune, il aura des chances de bénéficier d'une retraite plus forte, mais alors le budget de l'Etat ne majore pas cette pension qui arrive ou dépasse la cote de 36o francs (1).

Il est spécifié dans la loi que le déposant ayant 36o francs de rente, peut arrêter ses versements, mais il n'est pas permis à ce dernier de bénéficier de sa retraite avant 5o ans, à moins que les médecins le déclarent invalide du travail.

Nous devons mentionner que le bénéficiaire n'est pas tenu de prendre sa retraite à 6o ans, qu'il peut l'augmenter et attendre encore, mais les versements de son patron ne comptent pas pour lui seul, mais pour l'amortissement ; mentionnons encore qu'il peut faire le versement obligatoire, puis des versements volontaires, et que lorsque le total de ses versements atteindra plus de

---

(1) M. Edouard Petit, inspecteur général de l'Enseignement, dans un récent rapport écrivait : « Parlant des sociétés dites « Cavé » réservées aux enfants : la future loi sur les retraites ouvrières portera-t-elle atteinte aux progrès de la Mutualité Scolaire ? Non certes, elle donnera à l'œuvre de M. Cavé, qui apparaît comme la préface logique, le support nécessaire de l'organisation étatiste. Elle l'aide, elle est aidée.

L'apprenti de la ferme ou de l'atelier, qui à dix-huit ans aura, grâce à la Mutualité de l'école, 100 à 110 francs de pension, pour la cinquante-cinquième année, pourra forcément arriver à la retraite de 36o francs prévue par la loi. » Cette citation confirme notre thèse.   A. B.

36o franc de rentes, il pourra en effectuer le surplus à une assurance-vie, ou à l'acquisition d'une terre ou d'une habitation devenant insaisissable ; c'est la consécration légale du bien de famille et c'est là un des côtés intéressants de la loi.

Le rôle dévolu à la Mutualité. — Nous aurons examiné la loi quand nous aurons dit que les sociétés de secours mutuels auxquelles on a rendu hommage et décerné des fleurs, sont prises comme auxiliaires dans la loi, après permission du ministre :

1º Pour faire office d'encaisseur des patrons et des ouvriers ;

2º Celle ne payant que la retraite peut encaisser par un fonds spécial les cotisations patronales et ouvrières, mais en déterminant, avec preuves à l'appui, qu'elle peut assurer elle-même 36o francs de retraite. La majoration de l'Etat, dans ce cas, n'existe pas ;

3º La société de secours mutuels, faisant l'assurance contre la maladie ou l'invalidité, peut recevoir, après une déclaration écrite des cotisations, ouvrier ou employé, le quart ou la moitié du prélèvemer de 2 p. 100 sur son salaire, dans ce cas l'Etat intervient, et malgré la baisse du capital rentier qui sera forcément produite par 3o 1/2 versements à la société de secours mutuels, l'Etat complétera la rente de 36o francs, si elle n'existe pas.

En spécifiant que du jour de l'application de la loi, tout ouvrier âgé de 6o ans, qu'il travaille ou non, recevra 120 francs annuellement ; que les versements de o à 5 ans seront élevés à 15o francs.

Ceux de 5 à 10 ans, à . . . . 200 francs.
Ceux de 10 à 15 ans, à . . . . 250 —
Ceux de 20 à 25 ans, à . . . . 330 —
Et enfin, de 25 à 30 ans, à . . . . . 330 —

Mais tous ces chiffres ne sont majorés que dans le cas où les versements de 5, 10, 15, 20, 25 ou 30 ans ne donneraient pas la somme minimum déterminée.

En spécifiant sur ces derniers points, l'analyse impartiale de la loi sera faite, le mécanisme parfaitement mis à jour. Devons-nous arrêter là cette deuxième partie ? Nous ne le croyons pas, il est urgent de démontrer la pensée dominante du législateur, assurer les moyens financiers, prendre comme guide dans sa conception la loi allemande, quand peut-être avec plus de raison c'est le système belge qui aurait dû prévaloir, puisque la retraite n'est pas générale pour l'ensemble de la nation, que des inégalités sont perpétuées en faveur des fonctionnaires contre les ouvriers, et qu'il convient d'assurer et d'élargir la loi d'invalidité de 1905.

Dans notre législation spéciale, comme dans toutes les réformes qui demandent le concours financier de l'Etat, la répercussion des charges se concentre toujours sur la classe moyenne des travailleurs, la plus intéressante; c'est celle qui paie le plus d'impôts locatifs, parce que son ambition est d'assurer hygiène et confort dans le foyer familial, à l'encontre de celui ne se préoccupant que d'absorber le meilleur de son salaire en s'empoisonnant d'alcool, produisant, par ces habitudes, la dégénérescence de la race, détruisant l'esprit de famille, ne conservant aucune dignité de l'homme, du citoyen, du père et de l'époux (1).

La loi sur les retraites, telle qu'elle est établie, comporte le même vice, ses primes viennent à celui qui n'aura pu arriver à son capital produisant les 36o francs de retraite prescrite, mais dans le cas où le contraire viendrait à exister, l'assistance publique ou la loi d'invalidité rempla- cerait les droits des retraités absents !

L'organisation de retraite proposée est la copie à peu près exacte de la loi allemande : le département est la division française ; l'Allemagne s'est divisée en régions administratives ; les mêmes fonctionnaires sont commis pour l'encaissement des cotisations ; le même système de contrôle est adopté pour l'ouvrier : carnet ou carte d'identité, timbres à coller... Les mêmes personnes sont assujetties obligatoirement ; les mêmes catégories jouis- sent de la liberté de profiter de l'organisme d'assurance. La loi allemande englobe tous les services de la Mutua- lité ; la loi française a jeté les mêmes bases (2).

Cette loi, qui date de 1889, a reçu des améliorations en 1899, mais des difficultés très grandes d'application sont reconnues par les fonctionnaires allemands eux-mêmes.

(1) A côté des peu intéressants éléments dont nous venons de parler, nous devons ajouter que dans un autre ordre d'idées, la plupart des classes aisées échappent aux charges nouvelles, c'est ce qui nous fait penser et dire que les charges supplémentaires portent entièrement sur les classes de travailleurs honnêtes et laborieux.

(2) Il faut cependant faire une réserve à l'avantage de la loi allemande qui a pris comme base de contribution le *salaire moyen annuel de la catégorie* des assujettis, qui a formé cinq classes bien distinctes de professions ou de salaires, et qui fixe pour 10 ans, les tarifs afférents à chaque catégorie.   A. B.

M. Edmond Fuster, chargé de réunir des documents pour le Ministre du Commerce et de l'Industrie, nous confirme cette appréciation dans son rapport sur le fonctionnement des caisses régionales (1902-1903) :

« La caisse surveille de près l'assujettissement des travailleurs instables, et en particulier des femmes de ménage, laveuses, gardes, couturières, raccommodeuses, etc... Elle a essayé, en 1903, de les soumettre à un contrôle tout spécial ; elle a pris, à cet effet, toutes les adresses qui ont paru, dans un grand journal populaire, à la page demandes d'emplois. Il est vrai que le résultat de cette enquête fut presque nul et hors de proportion avec les frais. Les travailleurs instables ignorent le plus souvent la loi, mais ce qui complique encore le contrôle, c'est qu'au cours d'une semaine, ils ont presque toujours travaillé chez un autre patron. La caisse a également procédé à une revision du personnel des théâtres et cafés-concerts et a constaté que presque tous les petits emplois assujettis à l'assurance l'ignoraient et ne collaient pas...

« M. Edmond Fuster signale comme « mauvais colleurs » les instituteurs et institutrices libres, qui ne veulent pas se mettre sur le même pied que les ouvriers ; il nous signale en même temps que l'on emploie sans cesse des timbres déjà utilisés, malgré les amendes et les défenses souvent répétées. Le trafic des timbres déjà utilisés se fait dans les auberges et même chez les débitants ».

Nous voudrions suivre de très près l'étude de M. Fuster ; le cadre de cette étude ne nous le permet pas, mais ces documents sont des plus intéressants ; s'ils mettent à jour l'esprit de prévoyance qui a guidé les hommes d'Etat allemands, ils mettent aussi à jour les difficultés d'application et les résultats vraiment modestes que donneront vingt-cinq à trente ans de militarisme social pour les bénéficiaires allemands. Que l'empire disparaisse pour faire place à un régime de liberté, et certainement l'assurance allemande serait bouleversée de fond en comble (1).

La Belgique nous semble plus moderne. En effet, la retraite est instituée, mais elle procède par la liberté, et pour encourager cette liberté, elle verse immédiatement, en même temps que le patron et le bénéficiaire, sa prime de participation, dont les intérêts s'ajoutent forcément à ceux des déposants. Nous voyons là une participation véritable : l'Etat n'attend pas le moment où il court la chance de ne pas intervenir, — en France tel est le projet, — mais il concourt de suite avec le déposant à l'augmentation graduelle de sa pension viagère.

Que conclure de ces deux exemples en regard de la loi en discussion en France? C'est qu'il nous paraîtrait logique d'adopter le système belge et non la base allemande pour l'établissement des retraites dans notre pays, mais notre conception sur cette question est tout autre : l'impôt

---

(1) L'empereur actuel se rend bien compte de cet état d'esprit. Dans son message du 17 novembre publié à l'occasion du 25ᵉ anniversaire de l'organisation des assurances, il écrit : « L'Allemagne s'est engagée la première dans cette voie de législation sociale. Malheureusement dit-il, la poursuite de l'objet le plus élevé du Message est contrecarrée et retardée par une opposition constante provenant justement de ceux qui croient pouvoir prétendre à représenter, eux, spécialement les intérêts des travailleurs ». *Questions pratiques*, décembre 1906.

nous paraît devoir profiter à la nation entière, et la prime nous paraît souvent aller aux heureux de la vie, à ceux qui peuvent économiser, alors que toute la sollicitude de l'Etat devrait aller indiscutablement aux malheureux, et c'est bien la pensée qui a guidé le législateur français dans son projet de retraites quand il veut n'intervenir que pour compléter les pensions incomplètes, en l'espèce le droit à 1 franc de rente par jour.

Si nous discutons la loi, c'est parce que nous voyons le grave inconvénient à ne rien garantir comme intérêts aux sommes placées par ses soins, et si nous comparons que l'intérêt d'une somme placée il y a cinquante ans rapportait 5 p. 100, qu'en 1860 elle rapportait 4 1/2 p. 100, en 1880 4 p. 100, aujourd'hui 3 fr. 10 p. 100, nous avons quelques craintes de le voir tomber à 2 1/2 et même 2 p. 100 dans un nombre très restreint d'années, et nous comparerons alors le futur retraité à cet excursionniste qui, voyant le sommet d'une haute montagne à gravir, partirait alerte et bien portant et, malgré ses efforts, resterait toujours au même point dans l'ascension, sans jamais pouvoir toucher au but; il tomberait bientôt épuisé, découragé, anéanti; il en serait de même pour la constitution de la retraite en projet.

Les conséquences de la baisse constante du loyer de l'argent, c'est d'augmenter sans cesse le capital initial de la retraite et de ne procurer aucune joie, aucune espérance à l'ouvrier qui, quels que soient ses efforts, ne parviendra jamais à une rente plus forte que celle qui lui est assigné par l'Etat, 360 francs et à 60 ans d'âge!

Plus l'Etat aura à prêter aux départements, aux communes, aux entreprises générales désignées par la loi, plus il se trouvera dans la situation du commerçant devant subir les lois de la concurrence, et en l'espèce la concurrence de la banque qui, elle aussi, voudra louer ses capitaux.

On se rend parfaitement compte, en lisant la discussion de la loi à la Chambre, de la double présomption, il est vrai légitime, qu'a eu le législateur de faire une bonne loi sociale, basée sur la justice et l'humanité, mais de n'engager que peu les finances de l'Etat, c'est-à-dire l'avenir du pays.

L'accord sur cette question financière est si peu fait entre les plus chauds partisans de la loi que le fait n'a pas échappé aux meilleurs amis de la cause des retraites obligatoires.

En effet, nous lisons dans la *Revue des Questions pratiques*, dirigée par l'éminent professeur P. Pic :

« L'accord est loin d'être fait (parlant des charges). D'après les évaluations du ministre des finances, la participation de l'Etat serait, dès les premières années de 270 millions et en période constante, s'élèverait à 316 millions ; M. Guiesse, rapporteur de la loi, estime que le fardeau maximum incombant au Trésor n'excéderait pas 250 millions pour la première année, et que la participation de l'Etat s'abaisserait à 160 millions en période constante.

« En présence de pareils écarts d'évaluation, il faut reconnaître qu'il subsiste une part d'inconnu assez inquiétante sur les répercussions financières possibles de la loi projetée (1).

(1) *Questions pratiques*, mars 1906.

Faut-il ajouter que M. Millerand, l'éminent et respecté président de la Commission de Prévoyance sociale, dans son discours du 22 février 1906, ne cache pas lui-même le manque de moyens financiers, il le fait avec le courage et la franchise qui le caractérise et une citation à ce sujet nous semble nécessaire.

Répondant à divers orateurs de l'opposition, M. Millerand disait :

« Permettez-moi, d'abord, de m'étonner qu'on exige de la loi que vous votez ce que l'on n'a pas imposé à d'autres réformes non moins graves et non moins coûteuses (*Applaudissements à gauche*). Le jour où le Ministre des finances, prédécesseur de l'honorable M. Merlou, a été entendu par la Commission, il a le premier rappelé que lorsque le Parlement républicain avait voté les lois sur l'enseignement, il n'avait pas jugé nécessaire en même temps de voter les ressources correspondantes.

« Pourquoi ? Parce que c'eût été une méthode mauvaise et à vrai dire frappée d'impuissance. Sans doute les réformes de la nature et de la portée que vous étudiez en ce moment appellent les réformes financières, mais à vouloir faire en même temps les unes et les autres, vous prendriez le chemin le plus sûr pour ne faire aboutir ni les unes, ni les autres.

« La loi des Retraites est d'ailleurs assez malaisée, assez complexe, pour qu'on ne cherche pas à la compliquer de questions qui lui sont étrangères (1) ».

Nous ne sommes pas d'accord avec ce principe, notre critique procède de la méthode positive, pratique, commer-

(1) Discours de M. Millerand, Chambre des Députés, *Journal Officiel*, 23 février 1906.

ciale même, qu'il est rationnel en proposant une dépense de donner l'indication de la recette correspondante. Les lois fondamentales du commerce peuvent être facilement et utilement applicables dans les finances de l'Etat (1), elles sont d'ailleurs le corollaire du principe « faisons de bonnes finances pour faire une bonne politique », vérité évidente que développait, il y a peu de temps à la tribune française, le ministre des finances, M. Poincaré.

Le trouble qui est apporté au point de vue financier dans l'application de la loi sur l'invalidité qui prend cours à partir du 1er janvier 1907, nous démontre « que toutes ces difficultés et tous ces attermoiements doivent faire comprendre à nos honorables députés et sénateurs, combien il est nécessaire en matière d'assistance de voter des dispositions précises et pratiques qui ne se noient pas dans un flot de circulaires et de règlements transformés en casse-tête chinois, et combien il est plus indispensable encore de prévoir des répercussions financières qui ne nous exposent pas à de pénibles surprises (2) ».

Pour nous résumer, nous pensons :

1° Que la loi en discussion prend sa base sur la législation d'un pays n'ayant aucun des caractères de liberté du nôtre ;

2° Qu'elle ne tient pas compte de l'exemple que nous donne la Belgique, dans cette question des retraites.

3° Que la participation de l'Etat n'est pas effective ;

---

(1) Faute d'avoir assuré le fonctionnement financier de la loi sur l'enseignement obligatoire, 25 à 30 p. 100 de Français sont actuellement illettrés. — Projet complémentaire de la loi de 1882, sur l'enseignement obligatoire, présenté par M. Briand.   A. B.

(2) Coste-Labaume, *Lyon Républicain*, 6 août 1906.

4° Qu'aucune garantie d'intérêts n'est donnée aux déposants ouvriers ;

5° Que l'établissement de la retraite ouvrière comporte un impôt complètement payé par les travailleurs intéressants, qu'il ne diminuera rien des charges de l'assistance publique(1), et qu'un grand nombre de gens fortunés échapperont aux charges sociales de la loi, de même qu'un grand nombre de membres intéressants de la grande famille française seront privés des avantages de la Caisse ;

6° Que la femme, la femme de devoir, d'abnégation et de dévouement, restant au foyer pour le rendre sain, agréable, confortable, est privée des avantages de la retraite, parce qu'elle n'est pas salariée.

Enfin, il est prouvé que rien a été fait pour assurer les ressources nécessaires à la loi.

Nous terminons en disant qu'une loi de retraites sociales qui fait deux classes de privilégiés, les fonctionnaires et les travailleurs, est une loi injuste, car elle permet à un trésorier-payeur général ayant un appointement scandaleux, de jouir encore d'une retraite de 6.000 francs, quand le cantonnier ne jouira que d'une retraite dérisoire, quand l'ouvrier, recevant les subsides complémentaires de son patron, sur ses économies, n'arrivera qu'imparfaitement après trente ou quarante ans de privations à toucher 1 franc par jour.

Ou la retraite est une question de prévoyance, et l'Etat doit encourager immédiatement chaque effort, c'est alors

____

(1) Le chiffre est de deux cent soixante millions par an, soit deux milliards et demi dans une période décennale. Sur cette somme formidable il faut compter une grosse somme simplement affectée aux fonctionnaires régularisant les services et combien d'abus !   .A. B.

la prime contributive au versement, ou la retraite est une
dette sociale intéressant toute la collectivité vivant de la
production, et alors tous les éléments de cette collectivité
doivent concourir, suivant leurs ressources à l'établissement de cette retraite, et par réciprocité tous les éléments
à un âge déterminé, doivent avoir les mêmes droits, après
avoir rempli les mêmes devoirs, suivant leurs moyens
financiers et leurs ressources personnelles (1).

En un mot, ayons le courage de préconiser comme seule
base de retraite, l'impôt progressif de tous, mais pour
tous.

Reprendre une à une les préoccupations financières des
législateurs pendant la discussion de la loi de février
1906, serait faire un retour en arrière, proclamons cependant que ces préoccupations partent de bons Français, de
bons sociologues, de philanthropes éminents, qu'elles les
honorent, mais tous devraient affirmer ce qu'ils pensent,
ce que nous pensons, que cette loi des retraites ne peut
s'établir que par l'impôt. Là est la franchise, là est la
raison, là est la justice, là est la sincérité, là est la véri-

---

(1) En matière d'impôt, il nous semble démontré que plus on peut
toucher d'assujettis, plus on peut diminuer les charges et cependant plus
la somme est importante à recueillir. Prenons un exemple : en 1905, on
comptait 17.107 automobiles en France donnant une recette de
772.465 francs. Les porteurs de bicyclettes au même moment étant
1 million 322.783 ont produit une recette de 7 millions 622.743. Si
nous constatons que les automobiles, instruments de luxe, sont fortement
imposées, en regard d'un impôt très modeste perçu sur les bicyclettes, cet
exemple confirme notre observation qu'en matière d'impôt ce n'est pas
la somme, mais le grand nombre qui facilite les ressources budgétaires.

A. B.

table base et la véritable garantie de l'égalité et de la paix entre les diverses classes de la société.

Tels sont nos derniers mots des critiques de cette loi, telles seront nos observations générales.

Mais il ne s'agit pas de détruire, il faut bâtir, et c'est ce que nous allons nous attacher dans la troisième et dernière partie de cette étude.

TROISIÈME PARTIE

RÉSUMÉ des CRITIQUES et OBSERVATIONS

—

BASE DE PROJET

STATISTIQUES OFFICIELLES

PARTIE FINANCIÈRE DU PROJET

CONCLUSION — RÉSUMÉ

VŒU

RÉSUMÉ DES CRITIQUES ET OBSERVATIONS

Dans les deux premières parties de notre travail, nous nous sommes attachés à démontrer combien était illusoire la participation de l'Etat pour la retraite du travailleur, nous avons impartialement déterminé les avantages que créait cette loi, et en regard ses inconvénients, nous avons montré également le côté défectueux du système de capitalisation basant sur l'intérêt seul la retraite du travailleur, nous avons prouvé que cet impôt de retraite payé seulement par le travail chargerait entièrement les catégories de travailleurs formant la classe moyenne de la nation, la plus sérieuse, la plus digne d'intérêt, sans toucher la fortune acquise et divers éléments pouvant utilement concourir à la retraite.

Oui, nous le répétons, par le système employé, seul l'ouvrier laborieux constituera le capital rentier, et les chiffres de M. Guieysse même nous démontrent: Que 8 p. 100 seulement bénéficieront de la loi en arrivant à 60 ans et qu'une moyenne de 5 ans de rente sera servie aux bénéficiaires.

Nous avons démontré tout cela, et nous pensons en ce moment à tous les éléments intéressants ne bénéficiant pas de la loi. Par exemple : pourquoi la femme, gardienne du foyer, la mère de famille si digne de la sollicitude de l'Etat, dont la charge pénible, toute de privation, de dévouement, est si lourde, n'a-t-elle pas les mêmes avantages que la femme qui abandonne son foyer pour aller chercher à l'usine, au bureau, au magasin, un soi-disant appoint de salaire familial? Faut-il donc abandonner son foyer pour démontrer que l'on travaille, et tenir avec soin et avec économie un ménage, élever une famille, ce ne sont point là des titres suffisants pour justifier que l'on vit d'un travail honorable sans avoir les moyens d'accéder à la richesse au bout de sa carrière ?

Certes, la commission de prévoyance sociale a fortement amendé son premier projet; sa bonne volonté est évidente, le constater n'est qu'un devoir, et c'est très sincèrement que nous nous plaisons à lui rendre hommage.

Mais faut-il pour cela dire que ce projet est justement établi, quand la constitution du capital est dévolue au travail seul et que par cette base de constitution nous ne voyons pas disparaître les inégalités sociales existant entre les divers éléments du pays.

Trois classes existeront dans la retraite : les fonctionnaires et ouvriers d'État, auxquels sont garantis les deux tiers de leur traitement, ou quand ce traitement est celui d'un trésorier-payeur général touchant 100.000 francs de traitement, sans compter les intérêts de gestion, ou encore un directeur de ministère en touchant 20.000 francs, l'État assurant à ces hauts fonctionnaires 6.000 francs au bout de trente ans de service et 12.000 à un ambassadeur pouvant en toucher 150 à 200.090, puis les ouvriers ou employés qui toucheront ce qu'ils pourront, enfin ceux qui à tort ou à raison ne toucheront rien parce que l'État l'aurait décrété ainsi et qui auraient pû pendant le cours de leur existence se désintéresser d'une loi devant être établie par coopération de tous et devant profiter à tous.

Nous avons démontré également dans le cours de cette étude la préoccupation du législateur désirant constituer un capital formidable, qu'il se dispose à prêter pour en retirer un bénéfice et faire fructifier davantage les économies du travailleur, mais aucune garantie d'intérêts ne pouvant être donnée; le loyer payé au capital peut baisser par la concurrence, et, les exemples du passé nous donnent raison (1). Il y a lieu de prévoir aussi, sans le souhaiter, qu'un jour, soit par un de ces orages qui détruisent les meilleures conceptions financières, soit par une guerre, ruinant pour longtemps notre crédit, détruisant du même coup les assises du budget, ce capital, évalué à 3o milliards dans trente ans, soit fortement endommagé et ne puisse plus produire l'intérêt nécessaire aux pensions promises *formellement* par la loi.

Il y a des vérités que l'on doit proclamer, il y a de ces problèmes dont le travailleur ne doit pas se désintéresser, et plus en matière d'assurance qu'en toute autre question, l'ouvrier, l'employé, ont pour devoir d'étudier ce qui est proposé et de faire entendre leur voix; la retraite est l'organisation dont ils bénéficieront et dont leurs enfants bénéficieront encore plus.

Si les syndicats professionnels, dont c'est une tâche, étudiaient de plus près ces questions si hautes quant à la solidarité, si les projets n'étaient pas étudiés superficiellement dans les Congrès même, et par conséquent mal étudiés parce que non préparés, nous avons la convic-

---

(1) Il n'y a qu'à se reporter à la conversion de 1883 du 4 1/2, en 3 1/2 p. 100 et qui du coup a profondément troublé les capitaux en réserve du monde mutualiste.   A. B.

tion profonde que notre état social s'améliorerait plus rapidement, car les indications données à nos représentants seraient plus précises et plus documentées au point de vue ouvrier, car alors ce seraient des indications vécues.

Et dans la loi qui nous occupe, si impatiemment attendue mais si peu connue quant à l'application, il est urgent que les travailleurs s'unissent pour démontrer qu'elle ne doit pas être l'effort du travail seulement, mais de la nation tout entière qui vit de sa production.

Il est urgent de démontrer que tout Français, que toute Française, non fonctionnaire, riche ou pauvre, a les mêmes droits que le fonctionnaire ou l'ouvrier d'État ayant sa situation garantie ; son travail, sans chômage, cette plaie sociale de l'industrie et du commerce, cela il faut le démontrer au nom de l'égalité devant les charges et devant la loi, et affirmer que dans la retraite, tous les éléments de la société doivent être solidaires, tous les éléments de cette société doivent avoir les mêmes devoirs et les mêmes droits pendant le cours de leur existence ; le travailleur doit légalement quitter ses outils quand sa tâche est terminée et jouir en paix du produit de son travail ; ceux qui ont la vie plus large, la richesse même, doivent avoir le droit de remettre eux-mêmes leur part de bien-être, quand pour eux aussi, aura sonné l'heure de la retraite légale.

Cette conception ne peut être réalisée *que par l'impôt, par le retour au droit commun des fonctionnaires de tous ordres, en supprimant les retraites par voie d'extension;* par les économies, soit dans les gros traitements, soit par suppression des emplois inutiles.

Et pour garantir les bénéficiaires contre les risques de

dilapidations de capital, contre les aléas de baisse d'intérêts, substituer la *Répartition* à la *Capitalisation*.

En résumé, il nous faut établir les *Retraites nationales* et en faire un service public, tels que sont institués les autres services de l'État, lequel service aura ses ressources particulières à distribuer annuellement par rapport à ses recettes (1).

Quelqu'un a dit quelque part, en parlant des retraites : « pour faire un civet, il faut un lièvre », pour faire des retraites il faut de l'argent, beaucoup d'argent, et c'est parce que nous comprenons qu'il faut beaucoup d'argent, que nous ne voulons pas que seul le travail soit grevé de cette contribution excessive, nullement en rapport avec les résultats qu'il peut en attendre, et dont la charge entière retombera sur le travailleur, honnête, régulier, sobre, le meilleur de l'élément producteur.

D'ailleurs, combien sont oubliés dans l'énumération et qui sont dignes cependant de compter parmi les bénéficiaires d'une retraite ?

Oui, Retraites nationales, car où commence et finit le salaire et comment le distinguer ? En faisant la retraite à tous au moyen de l'impôt proportionnel de tous, nous croyons être dans le vrai, et nous pensons que c'est la

---

(1) L'établissement de notre budget national aurait peut-être intérêt à une division par services généraux, permettant l'amélioration des services parallèlement avec les recettes afférentes, Il est constant, par exemple, que le rapport des postes, télégraphes et téléphones, fournit des subsides importants à d'autres services publics, et il est démontré, que peu de nations sont aussi mal outillées que la France dans le fonctionnement de ce service d'État, embrassant la vie même de notre organisme commercial et industriel intérieur et extérieur.   A. B.

solution la plus franche, la plus loyale, la plus honnête qui puisse être préconisée et développée.

Il est humain, comme nous l'écrivions récemment, de ne pas faire briller aux yeux du travailleur une retraite qu'il constituera péniblement, il est juste de proclamer hautement que la retraite doit être basée sur les ressources du budget national, il est juste de proclamer que le jour ou sans compensation de recettes (1), l'État devra subventionner tous les salariés en vue de leur retraite, tous les mutualistes, en conformité des dispositions de la loi de 1898, il lui sera matériellement impossible de faire face à ces charges, y compris celle de l'invalidité qui rentre en application au 1er janvier 1907, sans faire appel à l'impôt, à la contribution sous toutes ses formes.

Nous savons que l'on nous objectera la somme formidable nécessaire au paiement de toutes les retraites ; nous savons que l'on nous objectera que les paresseux bénéficieront des effets de la loi au même titre que les prévoyants : c'est une erreur. Les premiers seront toujours à la charge de la société ; ce sont ses « scories » : mais comme nous ne prétendons pas abandonner les avantages de la loi de 1898, nous voyons là une garantie évidente de l'homme prévoyant se constituant, à côté de sa retraite légalement due, une deuxième retraite en participant à une Mutualité subventionnée par le gouvernement, ainsi que l'indique la charte constitutive de la Mutualité.

---

(1) Nous dirons sans compensation de recettes, car les versements du travail, ne sont pas une compensation de recettes, devant être mises à part et recevoir subvention de l'État, dans la majoration des pensions de vieillesse.　　　　　　　　　　　　　　　　　　　　　　　　A. B.

Quant à la somme considérable à trouver, elle dépendra de la base que l'on voudra donner aux premières décades de la loi, quant à la somme à affecter annuellement aux premiers retraitables.

Une objection qui a besoin d'être discutée est celle-ci : Vous ferez des rentes aux riches ? Que nous importe cette perspective ! Ceux-là auront versé, en rapport avec leurs moyens, leur part contributive d'autant plus importante que leur feuille d'impôt portera une plus grosse somme, mais à l'âge de la retraite, au moment où ils auront le droit de passer chez le percepteur, pense-t-on qu'ils n'auront pas mille moyens de faire retour de leur pension annuelle, soit sous forme de versements dans les caisses de leur personnel, soit comme cotisations de membres honoraires dans les sociétés de secours mutuels ou de retraites individuelles, soit en encourageant les Mutualités maternelles et toutes œuvres utiles !

D'ailleurs, cet homme, qui est riche aujourd'hui, peut tomber dans la détresse demain ; s'il a dilapidé son capital, il aura produit, quand même, sa rente de deux façons : en payant sa cote de retraite nationale pendant ses jours heureux ; en remettant dans la circulation, par sa dilapidation même, le capital qui était sa propriété et qui est devenu celui de la collectivité, justement parce que ce capital a été dépensé.

Ce qui nous intéresse dans la thèse que nous soutenons c'est la retraite, service de l'État, comme l'enseignement, comme les travaux publics, comme l'agriculture, etc...

S'avise-t-on pour les grands services de l'État de ne faire participer que les intéressés aux dépenses ? Mais alors seuls les habitués de notre Académie nationale pourraient être appelés à payer les excédents de dépenses, assurer sa bonne marche ; ce serait normal pour nos contradicteurs. Pourquoi aussi faire payer une foule de dépenses n'intéressant en rien la masse et la forcer à payer des impôts pour ces mille services dont l'utilité ne peut pas être démontrée ? Et cependant qui proteste ? Nous avons donné, d'autre part, l'exemple d'un pont construit dans une région pour lequel chaque habitant est imposé en centimes additionnels, et sur lequel il ne passera jamais, qu'il ignorera peut-être complètement, mais il servira à d'autres personnes, et si l'exécution du travail a pu se faire, c'est parce que ces dépenses ont été couvertes par l'ensemble des contribuables ; il en est de même des retraites. Oui ou non, le producteur produit-il pour la collectivité ? Oui ou non, son travail fait-il la prospérité du pays ? Oui ou non, cette prospérité profite-t-elle à tous ? Oui ou non, puisque tous les éléments de la société profitent du travail de la production, est-ce que cette collectivité ne doit pas être solidaire ?

Sur ces points, il faut répondre affirmativement, et puisque tous bénéficient du travail de tous, soit travail corporel, soit travail intellectuel, c'est à tous qu'incombe le soin d'établir, pour ceux qui ont terminé la tâche assignée, la retraite à laquelle ils auront droit.

En face de rouages compliqués, de contrôle, d'une difficulté inouïe, de création de fonctionnaires nouveaux, d'une participation problématique de l'État, de la formation d'un capital formidable dont seul l'intérêt se distribuera sans assurer la quotité de cet intérêt, en face du découragement certain de l'ouvrier, à mesure qu'il décou-

vrira le peu de résultats pour son effort, en face de
l'ouvrier d'Etat, du fonctionnaire, jouissant d'un traitement de faveur vis-à-vis de l'ouvrier ou de l'employé
privé, en face du morcellement des classes, au lieu de les
unir ensemble pour l'effort et de permettre leur rappro-
chement à mesure qu'arrivent la maturité et la vieillesse,
en face du désintéressement de toute une classe de privilégiés qui a pour devoir de collaborer à la retraite, en
face de charges nouvelles qui vont frapper la grande
industrie, le commerce, et par conséquent le travail seul,
nous mettons, nous, en face de tout cela : les services
organisés dont dispose l'Etat pour percevoir les impôts,
sans aucune dépense supplémentaire de recouvrement.
Nous évitons, par ce système, la concurrence du loyer de
l'argent, nous garantissons les finances de l'Etat, nous
donnons la certitude au travailleur d'arriver enfin au
résultat attendu et sûrement atteint. Nous permettons
également de distinguer efficacement le travailleur prévoyant de celui qui ne l'est pas, puisqu'au premier nous
conservons les avantages de la loi de 1898.

Nous rattachons enfin la grande famille française en
ramenant les fonctionnaires au droit commun dont les
gouvernements monarchiques les avaient séparés pour en
faire des serviteurs par l'appât d'une retraite ; enfin
l'appât de cette retraite qui sort de l'activité commerciale, industrielle, scientifique même, les meilleures
volontés, en créant dans notre pays la « plaie » si souvent
dénoncée du fonctionnarisme, disparaîtra peu à peu en
mettant l'égalité dans les charges et l'égalité dans les
droits à la retraite.

Les fonctionnaires, pour la plupart, réclament la liberté

de se syndiquer ; ils demandent, comme les ouvriers l'augmentation de leurs salaires. A mesure que les frais de la vie augmentent, ils demandent eux-mêmes le régime commun, les droits entiers de l'ouvrier ou de l'employé ; il est juste de le leur accorder tout en leur laissant la responsabilité de leurs actes.

Une observation se place dans cette étude des retraites. Les syndicats peu à peu s'organisant et devant se développer normalement, bientôt se place la question du contrat collectif qu'ils devront souvent résoudre (1). Sur ce contrat une clause intéressante sera à insérer, c'est celle de la participation aux bénéfices, sous forme de prime de retraite en regard de l'ancienneté, c'est la formation d'une réserve que garantirait la loi et dont le travail bénéficiera en touchant les bons ouvriers et employés. Cette clause serait intéressante étant un libre accord entre eux et le patron, entre la compagnie, les actionnaires et le personnel (2).

Comment l'ouvrier pourra-t-il parler de participation pour la retraite, si déjà 4 p. 100 sont versés pour cet objet ; nous en resterons donc au contrat, qui n'en est pas un puisqu'il ne parlera que de droit de chacune des parties sans parler de leurs devoirs réciproques.

Les détracteurs de notre base de retraites, basent toutes leurs critiques les plus sérieuses sur la somme

(1) La compagnie des tramways de Lyon vient d'introduire cette clause dans le contrat collectif avec son personnel.

(2) Nous n'avançons rien d'imprécis, au moment où nous écrivons, M. Doumergue, ministre du commerce, vient de déposer un projet ayant pour objet de déterminer les principaux points du contrat collectif.

A. B.

formidable d'impôts qu'il faudra demander chaque année pour répartir à tout Français ou Française une somme minimum.

Nous pensons avec eux que cet argument est exact, mais plus cette charge sera divisée moins elle sera lourde, surtout si l'on base les centimes additionnels progressivement aux impôts payés par le contribuable.

L'impôt. — Pour bien comprendre le mécanisme de notre projet, il faut mettre en mémoire les grandes lignes d'établissement de l'impôt.

Tout le monde sait que notre système fiscal est dressé en deux parties : 1° la partie fixe : l'impôt direct ; 2° la partie variable ou d'évalution : impôts indirects.

Ces impôts indirects vont à l'État, au département, à la commune.

Les impôts directs sont d'abord fixés par la Chambre : budget général des recettes et des dépenses ; le pouvoir législatif divise, fait la part de chaque département, et la signifie au Préfet ; le Conseil général fait la répartition entre les arrondissements, le Conseil d'arrondissement fait celle des communes, la part des particuliers est faite par des contribuables désignés : les répartiteurs, pris dans les plus imposés de la commune.

Nous laissons de côté les diverses prescriptions adoptées, pour que la répartition soit exacte et équitable, nous voyons là le contrôle exact pour établir notre contribution de retraite, comme nous l'avons dit, sans frais nouveaux.

Mais sans entrer dans les détails, il est un point qu'il faut noter dans le département : la somme fixée pour être payée par les arrondissements est indiquée en franc net, mais les suppléments nécessaires aux départements et aux communes se perçoivent au moyen des centimes additionnels, dont la quotité est limitée par la loi de finance aux Conseils généraux, en même temps qu'ils sont autorisés et autorisent eux-mêmes à percevoir des centimes additionnels extraordinaires sur les arrondissements et les communes, et les communes sur les particuliers.

On voit donc que notre pratique fiscale est assez élastique pour faire entrer, en recette générale, au moyen de quelques centimes additionnels payés par chaque imposé, la somme nécessaire à une dépense, et de limiter cette recette à la dépense spéciale (1).

LES MOYENS FINANCIERS
D'ÉTABLIR LA RETRAITE PAR L'IMPOT

Nous avons pu juger de la facilité avec laquelle on procède pour couvrir les dépenses d'un service nouveau dans le budget de l'État, mais nous ne voulons pas demander l'établissement de la retraite à l'impôt spécial seul, nous estimons qu'elle peut et doit se baser sur deux points : 1° Les économies ; 2° La participation générale des contribuables.

. (1) Le centime additionnel joue un rôle très important dans les dépenses générales puisqu'il est actuellement de 1 fr. 40, 1 p. 100 du budget national, ce qui démontre qu'en matière de dépenses, il ne faut pas prendre le budget voté par les chambres, mais y ajouter, pour cette année 1907, 1 fr. 40 p. 100 de supplément. A. B.

Par l'étude des divers projets de lois, en dehors de celui qui nous occupe, et qui réclament beaucoup d'argent pour leur exécution, nous nous rendons bien compte que dans l'esprit du législateur, les recettes à créer, tel le monopole de l'alcool et des assurances doivent servir à d'autres lois qui doivent recevoir une solution, dans l'intérêt de la démocratie, et c'est la raison, la raison unique qui a fait établir un projet de retraite incomplet et n'accordant pas immédiatement tout l'effort financier que les travailleurs doivent attendre de l'État, mais l'ouvrier doit-il toujours passer le dernier dans le répartement des ressources et doit-il toujours, lui seul, faire acte de prévoyance, quand souvent son salaire ne le lui permet en aucune façon ?

Aucun ouvrier ne refusera son impôt personnel, en même temps que celui qu'il paie, s'il sait que tous le paient et que sa retraite ne sera pas complétée par une faveur gouvernementale, mais qu'elle sera un droit qui lui aura été conféré par tous (1). L'impôt que nous préconisons est un des rares impôts qui sera populaire, parce qu'il est bien défini.

Pour la première partie de nos ressources, ouvrons le budget général de 1906, jetons un regard sur quelques dépenses prévues : 3.703.355.636 francs (2).

(1) Et nous entrevoyons même que le syndicat sera le premier organisme organisant dans son sein des services d'assurance de l'impôt spécial.

(2) Le budget de 1907 actuellement en discussion donne le chiffre formidable de 4 milliards de francs. En comparant la contribution personnelle de l'Anglais, de l'Allemand et du Français, on trouve que le 1er paye 88 francs, le 2e 58. Nous-mêmes 99 francs.　　　　　A. B.

Et soulignons quelques chiffres :

Ministère des Finances :

Pensions civiles . . . . fr.   89.600.000 »
Militaires (guerre) . . . . 109.210.000 »
— (marine) . . . . 40.855.000 »
Légion d'honneur et Médailles militaires . . . . 11.822.634 »

    251.487.634 »   251.487.634 »

Trésoriers généraux, traitement fixe. fr.   1.202.000 »

Ministère de l'Intérieur :

Personnel des sous-préfectures. . . . . 1.069.200 »
Frais, matériel. . . . . . . 582.900 »

    1.652.100 »   1.652.100 »

En donnant ces chiffres, nous avons voulu montrer :

1° L'énorme somme de notre budget ; 2° démontrer la charge considérable des pensions civiles et militaires ; 3° qu'il serait facile de faire des économies en supprimant les services inutiles que l'on trouve à premier examen en jetant un regard sur les divers chapitres au budget (2).

(1) Il n'est pas dans notre pensée de faire état complet de cette dépense, car il faut placer en regard la recette évaluée au 20 p. 100 du débours : retenues et capitalisation.   A. B.

(2) L'Angleterre étudie en ce moment un projet de retraites ouvrières.

Dans une des dernières séances de la « Chambre des Communes » répondant à un orateur du parti ouvrier M. Barns, M. Asquith déclare « que cette solution pourra être obtenue *par une combinaison de deux méthodes, à savoir ; au moyen d'économies sur les différents chapitres du budget* et d'un remaniement du système fiscal. »

Cette déclaration confirme trop la thèse que nous soutenons, nous-mêmes, pour que nous ne l'ayons pas soulignée avec satisfaction. A. B.

La question des pensions civiles est une des plus capti-
vantes du législateur se préoccupant de l'avenir financier
de notre pays. M. Guieysse, dans son rapport, écrit :

« En 1904, le montant des pensions civiles et militaires
est de plus de 226 millions, si l'on ne prend de promptes
mesures, on peut évaluer cette charge à 340 millions dans
30 ans, c'est, au taux de 3 p. 100, une dette de 10 milliards ».

Et le rapporteur ajoute :

« Il est bon de faire ressortir ces chiffres en regard des
sommes demandées à l'État pour les pensions ouvrières
s'élevant progressivement à 230 millions au bout de
30 ans pour s'abaisser ensuite à une valeur constante
d'environ 90 millions » (1).

Nous soulignons cette inégalité.

Sur le budget général, nous croyons fermement que
l'on peut augmenter les ressources sans nuire au bon
fonctionnement des services. M. Guieysse lui-même est
d'accord sur ce point ; il demande la participation de
l'employeur et du patron, il se rend bien compte qu'un
grand nombre de personnes échappent à la responsabilité
pécuniaire de cette loi ; donc son affirmation nous donnera
une première base de ressources. « Il est certain que ces
dépenses qui s'élèvent théoriquement à 230 millions au
bout de 30 ans, ne peuvent entrer dans le cadre normal
du budget, aussi comme nous l'avons déjà dit, M. Rou-
vier, ministre des finances, a formellement déclaré à la
Commission qu'il comptait s'adresser aux impôts exis-
tants en les frappant de *décimes additionnels* avec *affec-
tation spéciale*. Il faudrait choisir les impôts de telle

(1) Guieysse. Rapport 1903.

sorte que ces décimes de solidarité sociale ou des retraites ouvrières, atteignent principalement ceux qui sont en possession de la richesse acquise.

Nous n'avons pas ici la prétention d'imposer un choix au Ministre des finances et au Parlement, mais il est intéressant de mettre en évidence les principales ressources de nos impôts.

Contributions directes	472.185.000 fr.
Taxes assimilées (chevaux et voitures)	36.365 000 —
Enregistrement, droits de mutation.	526.905.000 —
Timbres.	179.220.000 —
Taxes diverses sur valeurs, opérations	
de bourse.	77.605.000 fr.
	1.292.280.000 fr.

Soit environ 1.300 millions.

La valeur du décime sur ces impôts étant d'environ 130 millions, on voit, sans aller plus loin, que sans toucher aux impôts indirects sur les boissons (1), etc., il est facile, sans nuire aux intérêts économiques les plus sérieux, de trouver les sommes nécessaires assurant le service des retraites, au moins pour les années de début.

Nous nous emparons de ce chiffre officiel qui n'a pas été contesté et nous en faisons notre première recette de retraites par l'impôt.

Nous évaluons à 4 millions le nombre des retraités à servir annuellement à partir de 55 ans en prenant la base de 360 francs par an, nous avons $4.000.000 \times 360 = 1.440$ millions.

(1) Voir le dernier chapitre de notre travail sur cette question. A. B.

L'impôt décimal du budget actuel nous donne 113 millions.

Des statistiques produites par M. Guieysse sur les travailleurs seuls non décrits dans son projet, nous trouvons :

Cotisants : 5.602.000.

Nous y ajoutons les employés et ouvriers d'Etat :

Hommes	583.000
Femmes	104.000
Total	687.000

Nous obtenons donc :

Cotisants : 6.289.000.

D'après nos calculs et les statistiques sur une population de 39 millions d'habitants, nous trouvons environ 3 millions 500 mille personnes qui échappent à la loi ou qui y échapperont forcément.

En chiffres ronds nous évaluons à 10 millions le nombre de personnes concourrant à la retraite de 4 millions.

Nous pensons qu'il est juste de marquer la personnalité, le certificat de vie en un mot, par un droit fixe payable à partir de 18 ans jusqu'à 55 ans, âge de la retraite, soit pendant 37 ans, pour cotisation fixe : 165 fr.

En faisant recette de ce droit fixe sur 10 millions de cotisants, nous trouvons . . . . 50 millions

En y ajoutant 130 millions de centimes budgétaires, nous obtenons. . . . 180 millions

Notre dépense étant de. . . . . 1.440 millions

Nous paraissons, avec ces seules ressources avoir un déficit considérable; ce n'est pas complètement exact. Il faut *déduire* de la somme de rentes à payer : 1° les 36o francs pour chaque fonctionnaire civil et militaire titulaire d'une retraite qui ne pourra être supprimée, que par *voie d'extension*, mais qui se répartissent en recettes bonificatives ; il faut y *ajouter le budget* des pensions à servir en vertu de la loi de 1905 sur l'invalidité et qui ne fonctionne plus que pour les cas d'invalidité venant avant l'âge de la retraite ; il *faut prévoir* une décharge considérable du budget de l'assistance publique, et l'on peut *hardiment prévoir* de ce chef une plus-value de *plusieurs centaines* de millions, couvrant largement notre budget de dépenses.

Faut-il dire et bien préciser que des ressources peuvent facilement se trouver par les économies sur le budget, comme nous l'avons déjà dit, que des ressources importantes peuvent être trouvées par un droit fixé sur les dépôts à vue opérés dans les banques, sur les débits et fabriques de spiritueux, faut-il ajouter que la *suppression* des retraites des fonctionnaires, dégrèvera graduellement le budget et fera disparaître une ingalité trop marquée, faut-il dire enfin et ajouter que cette éventualité est envisagée dans diverses parties du rapport de M. Guieysse, qui voit bien là, une situation intéressante, et qui voit bien aussi dans l'impôt, la base de la retraite générale. Sur le nombre des fonctionnaires, recensement de 1896, M. Guieysse dit : « *Les charges* qu'ils *imposent actuellement à l'État, aux départements, aux communes, viendront en défalcation des dépenses à prévoir au cas où le régime général des retraites ouvrières leur serait appliqué.* »

Cette citation est la conclusion logique de nos observations, elle complète notre citation sur la question des impôts et elle nous démontre que nous sommes dans le vrai, en réclamant la retraite par l'*impôt par tous* et *pour tous*.

LA PART DE L'ALCOOL DANS LE BUDGET DES RETRAITES

Dans le cours de cette troisième partie, nous avons parlé incidemment des impôts de réserve, devant servir à l'application des lois sociales : monopole de l'alcool, monopole des assurances. Il ne pourrait entrer dans notre pensée de nous étendre sur ces projets d'avenir, ce serait sortir du cadre précis de notre étude ; mais dans la question des alcools, en laissant la loi du monopole absolument nette, abandonnant le projet de rachat des assurances par l'Etat, qui doit être pour les nombreux employés, vivant de ces organisations, une base de sérieuses études professionnelles démontrant le bon ou mauvais côté du projet, nous tenons à indiquer cependant quelle ressource importante le trafic actuel des alcools pourrait donner à l'établissement des retraites nationales.

Un seul commerce est aujourd'hui fructueux, c'est celui des alcools. Au milieu de tous les petits détaillants vivant péniblement, un seul vit largement, c'est le cafetier, débitant au comptoir, assis ou debout, les apéritifs les plus engageants, mais les plus ruineux pour la santé et pour les économies du travailleur. La multiplicité des établissements fait l'attraction, le « taudis » où malheureusement beaucoup de familles d'ouvriers sont confinées a fait le succès du luxe insolent, prodigué dans les débits de boissons. Le mal est grand, il se multiplie, et notre pays

est malheureusement à l'avant-garde de cet envahis-
sement (1).

Dans un autre travail, nous pourrons traiter des
moyens à employer pour enrayer le fléau, il n'y aura qu'à
s'inspirer pour cela de ce qui s'est fait à l'étranger, aux
États-Unis, en Suède, en Norwège, en Australie, en Suisse,
en Angleterre, etc... et s'inspirer également des travaux
et des efforts de nos éminents compatriotes, apôtres anti-
alcooliques qui ont consacré leur vie à ce combat,
Dʳ Legrain, Comte, Gide et autres, mais tel n'est pas notre
but actuel. Nous voulons tirer profit, provisoirement au
moins, comme première base d'établissement des retraites,
des ressources afférentes à cette prospérité malsaine, ce ne
sera que justice d'ailleurs, car pourquoi dissimuler que

(1) Cette constatation n'est pas une critique envers la classe
ouvrière. En examinant impartialement la situation prépondérante de
l'alcool dans certaines régions, l'on constate que le mal est beaucoup
plus grave, dans les régions, dans les localités où l'ouvrier est le plus
misérable, par la réduction des salaires, telle est la région du Nord de la
France.

Dans le Sud-Est, au contraire, l'alcoolisme est moins développé, on
trouve même l'affirmation des principes de prévoyance et d'épargne de
l'ouvrier, vivant normalement d'un salaire suffisant aux charges de
famille.

Dans une commune industrielle du département du Rhône, à Oullins,
près Lyon, sur 550 enfants fréquentant l'école de garçons, plus de
500 ont des livrets de caisse d'Épargne, alimentés par les parents;
quelques-uns possèdent des sommes de 300 à 600 francs et pour les
enfants ne possédant pas de livret, l'instituteur nous a affirmé que les
parents versaient par d'autres voies.

*Cette observation confirme notre appréciation que la misère engendre
l'alcoolisme, que le bien-être de l'ouvrier assure ses habitudes de prévoyance.*

A. B.

la fortune des débitants est faite par l'ouvrier malheureux, les annonces mêmes le démontrent sans pudeur (1). Ceci bien établi, cherchons le nombre des débitants de gros ou de détail, en spécifiant que la France possède un débit par 87 habitants, et qu'il est démontré que 3o adultes font vivre ce débit, dans les 87 habitants étant compris les femmes et les enfants.

M. Gide, dans le rapport cité plus haut, publie la statistique officielle du recensement des industries et professions, publiée en 1901 par le Ministre du commerce :

Débitants de boissons . . .	237.815	471.024	
Restaurants et hôtels . . .	233.209		564.023
Commerçants en liquides .	72.744	92.999	
Fabricants liqueurs et spiritueux.	20.255		

L'accroissement normal des débitants nous autorise à dire que plus de 6oo.ooo commerçants de gros ou de détail, se partagent les bénéfices de l'alcoolisme, sans être chargés d'impôts comparatifs à ces énormes bénéfices? Cherchons à l'appui de notre thèse, une seule manufacture correspondant à une distillerie, un seul fond de commerce, ayant la valeur marchande des débits de boissons (2). Nous n'en trouvons aucun, les comptoirs de coins de rue

(1) M. Gide cite dans un magistral rapport, *Suppression ou réglementation des débits d'alcool*, cette annonce relevée dans divers journaux : À céder beau café-comptoir. Entouré de nombreuses usines, VÉRITABLE OCCASION.

(2) Certaines marques d'apéritif, de quina, absinthe, n'ayant que la valeur de la publicité faite autour du nom de bataille, se vendent à des prix scandaleux, nous pourrions citer des faits.

sont hors de prix, des sociétés mêmes sont toujours aux enquêtes de nouvelles constructions bien centrales, où vite se dresse, un an avant l'ouverture, la banderolle « ouverture d'un comptoir » et toutes les ressources du goût, de l'art nouveau, sont mis en œuvre pour l'achalander avec luxe et confort.

6oo.ooo industriels ou commerçants, voilà le chiffre qu'il faut retenir, et c'est sur cette base que nous trouvons des ressources nouvelles pour les retraites nationales. Comment ? En ajoutant simplement à la feuille d'impôts de ces commerçants une prime proportionnelle à leur importance, en prenant la taxe la plus basse, à 20 francs pour les débitants exploitants seuls, et en ajoutant :

2° Supplément de 10 francs pour chaque garçon ou bonne, servante, jusqu'à cinq occupés.

Au-dessus de cinq, impôt annuel doublé jusqu'à 5o ? Au-dessus de ce nombre il serait triplé.

Pour les restaurants et hôtels, la taxe serait la même, mais il y aurait lieu de faire deux classes de personnel, dont l'une serait mise hors impôt spécial : celle ressortant de l'exploitation de l'hôtel ou restaurants : cuisiniers, hommes de chambre, etc.

La troisième catégorie porterait sur les commerçants en liquides et fabricants de liqueurs et spiritueux, avec droit fixe de 5o francs, et impôt progressif de 5 francs par ouvrier ou employé, 10 francs au-dessus de 10,20 francs, au-dessus de 5o et de 2 p. 1oo d'impôt spécial par litre de liqueur sortant de la fabrique ou distillerie.

Quelles seront les conséquences financières de cette taxe de retraites ? Il est facile de les calculer, nous ne ferons que les évaluer à 6o.ooo.ooo de francs, et nous savons être au-dessous de la vérité, car les commerçants et fabricants, eux seuls, peuvent donner à la retraite plus de la moitié de la somme indiquée, par la prime fixe, par la prime d'ouvriers et employés, par le 2 p. 100 de sortie de marchandises.

On pourra nous objecter que l'impôt sur le travail que nous repoussons, en général, nous nous en servons dans les industries et commerce de l'alcool. Nous répondrons, que là il ne s'agit pas d'une taxe touchant le travail seul, mais qu'il s'agit au contraire d'un *impôt basé sur la constatation effective de bénéfices patronaux dépassant toutes les combinaisons commerciales et industrielles.*

Dans notre pensée, il est très possible que la taxe de retraite que paieront les débitants et fabricants d'alcool subira une dégression dans l'avenir, c'est dans cette préoccupation que nous avons dit au commencement de ce chapitre, qu'il s'agissait de tirer profit *provisoirement* des produits malsains de l'alcool ; mais si nous escomptons une dégression, elle ne pourra qu'être très faible annuellement, et suivra, suivant toute prévision, l'amortissement des retraites viagères que l'État doit actuellement à ses fonctionnaires ; la base que nous indiquons comme ressources à la caisse de répartition annuelle des retraites est donc sérieuse, indiscutable, elle démontre que l'on peut établir un budget spécial sans rechercher ce budget sur le travail seul, et sur une capitalisation formidable des économies que pourrait réaliser le travailleur honnête, en privant sa famille du bénéfice de ces économies.

———

CONCLUSIONS

Nos conclusions seront brèves ; nous nous sommes suffisamment étendus sur les principes, sur les critiques pour bien démontrer le sérieux de notre conception.

Nous avons assez étendu nos observations, pour ne pas revenir sur la question, qu'il est injuste de faire peser sur le travail seul, les frais de retraites qui doivent incomber à la société entière, comme lui incombent les services publics d'hygiène, d'assistance, d'enseignement, de guerre, de travaux publics.

Cette idée de participation, ou plutôt d'impôt sur le travail, a été condamné éloquemment par les groupements consultés ; en effet, voici leur avis :

Sur la participation égale du patron et de l'ouvrier.

	Favorables	Défavorables
Chambres de commerce .	3	47
Syndicats patronaux. . .	6	159
Syndicats mixtes. . . .	1	159
Syndicats ouvriers. . .	24	744
Syndicats agricoles. . .	54	26
	88	985

Pour la capitalisation et la répartition nous avons suffisamment démontré les risques de l'un, la sûreté et la sincérité de l'autre, la capitalisation n'assure rien de fixe, elle permet l'emprunt de l'État et les arrérages. M. Guieysse lui-même est effrayé et dans son rapport il le dit :

« Le système des arrérages est malheureusement suivi par l'État pour les pensions de ses fonctionnaires; on voit les lourdes charges qui en résultent pour le budget, et malheureusement on recule toujours devant la réforme, à cause d'une période de transaction où les deux systèmes se superposent. »

M. Baudin, rapporteur général du budget 1906, après avoir constaté, dans son rapport que depuis vingt ans il avait été impossible de ne rien voter pour dégrever la dette publique, ajoute, signalant un chapitre sur notre situation économique : « ... La situation économique ne nous permet pas d'accroître indéfiniment nos dépenses. »

C'est en vertu de ce principe qu'il nous paraît normal de ne pas demander le sacrifice entier des retraites au seul chapitre « Commerce et industrie. »

Et de plus, la répartition immédiate permet de garantir l'État et le travailleur contre les risques constants de la baisse de l'intérêt (1).

En demandant pour tous les Français et Françaises le

(1) En Angleterre, le taux légal de l'intérêt est de 2 p. 100, après avoir été beaucoup plus élevé que chez nous; démonstration évidente du peu de stabilité de l'intérêt.

De cette constatation, on peut tirer les conséquences graves qui se répercutent sur les économies. Pendant qu'au 5 p. 100 il fallait 30 versements de 50 francs pour obtenir 410 francs de retraite, la même somme versée ne produit plus que 270 francs au 3 1/12 p. 100, la rente est donc réduite par 1 1/2 d'intérêts de plus du tiers, soit 34 p. 100.

A. B.

droit commun, en mettant sur le même pied que le travailleur de l'industrie privée le fonctionnaire, nous tenons à préciser et à bien rendre notre pensée craignant qu'en se plaçant au point de vue personnel le fonctionnaire ne se croit lésé dans ses intérêts immédiats. A cette objection nous répondons :

Pour les *situations acquises*, rien n'est changé, pour les nouveaux entrés dans l'administration, ils n'auront plus à verser le 5 p. 100 de leur salaire. En prenant pour base le chiffre de 2.000 francs d'appointements, donnant droit à une retraite civile d'environ 1.500 francs, ils doivent verser une somme annuelle de 100 francs, soit en totalité pour 30 ans, 3.000 francs. Il faut encore ajouter le mois d'entrée en fonction, versé intégralement dans les caisses de l'État, puis le 12e de toutes les augmentations ; qu'ils placent, alors cette somme en viager, il y a de grandes chances pour qu'ils retirent, si non plus de résultats qu'actuellement, au moins autant.

En ajoutant leurs droits à la retraite, 360 francs, leur situation est au moins équivalente et ils reprennent leur liberté, cette liberté dont ils sont si avides et qui se traduit dans le mouvement syndical actuel.

Quant aux plaintes qui pourront se produire sur cette participation générale de tous les Français et de toutes les Françaises, elles ne peuvent avoir de répercussion, n'étant basé sur rien de juste.

Si le riche paie, c'est son devoir social, de plus sa cotisation a, pour lui, une valeur qui n'est pas à dissimuler, et qui pourrait se plaindre d'ailleurs d'un pareil impôt ?

Dans un Etat, tous les éléments doivent concourir aux charges, à l'administration, comme aux revers. Que demain il nous vienne un nouveau 70, qui donc ne supporterait pas vaillamment les charges que nécessiterait un pareil cataclysme ? qui donc proteste pour les sommes considérables qui sont votées par les Chambres pour combler les calamités publiques ? Et cependant, c'est l'ensemble du pays qui paierait et qui paie tout cela !

Ayons donc le courage de proclamer ce qui est juste, et n'égalisons pas les charges de la retraite entre le patron ayant une industrie sans concurrence, un monopole d'exploitation même, pouvant faire 25 ou 30 p. 100 de rapport, pendant qu'un autre industriel se trouvera aux prises avec les difficultés de l'exploitation et n'arrivera à aucun rapport.

Ne mettons pas sur pied d'égalité de charges le célibataire, le ménage sans enfant, en face du père de famille élevant péniblement un certain nombre d'enfants et n'ayant qu'un salaire, toujours le même, quelles que soient ses charges.

Certes, nous ne suivons pas ceux qu'effraie la transformation de la société souvent égoïste, en une autre société plus solidariste, par la démocratie organisée, nous ne suivons pas les critiques des partis d'opposition, quels que soient leurs noms ou leurs buts, nous ne suivons pas ceux qui pensent de bonne foi cependant que la prévoyance est toujours possible, car sur ce point, notre étude journalière de la vie du travailleur nous prouve le contraire, par le chômage et toutes ses désastreuses conséquences.

Et c'est parce que nous connaissons la situation malheureuse et instable d'un grand nombre de professions, que nous estimons que la retraite ne peut s'établir sur des données précises en tant que cotisation de travailleurs.

Toutes les combinaisons savantes, toutes les probabilités, toutes les suppositions de rendement d'intérêts ne peuvent s'établir sérieusement; toutes reposent sur des statistiques souvent trompeuses, et dont nous pouvons nous-mêmes être victimes, mais surtout ceux qui viendront après nous.

Pour diminuer les frais de gestion de la caisse, rien n'est plus pratique que de suivre les rouages actuels de perception, pour faire peser sur tous les citoyens les charges sociales, suivant leurs facultés, rien n'est plus juste que le décime spécial et que l'impôt progressif sur les bases que nous avons indiquées; voilà le côté matériel des retraites. Il y a aussi le côté humain, le côté philanthropique nous indiquant que pour mettre à même l'homme et la femme qui ont passé ensemble leur vie de travail, de passer encore ensemble une vieillesse heureuse, rien ne prévaudra contre la volonté de les retraiter tous les deux. Nous voyons d'ailleurs, dans cette retraite simultanée, l'assurance pour beaucoup de travailleurs, ayant l'âge de la retraite, l'abandon de leur situation de travail aux jeunes diminuant d'autant d'éléments individuels, la plus-value de l'offre sur la demande.

Le machinisme permettant la diminution du nombre de personnes occupées, il est normal que la tâche de chacun ne puisse pas se prolonger, au delà d'un âge de complète activité, et cette limitation de la tâche est pour nous, le levier le plus puissant pour que le travailleur réclame et s'intéresse au droit à la Retraite.

Etudions, discutons et complétons les idées émises dans

cette étude, s'il y a lieu, dans la sincérité de ce travail, cherchons un terrain plus pratique, s'il est démontré que le mieux peut se « concevoir aisément », mais nous avons la conviction profonde, sincère, que la **retraite ouvrière** est incomplète si elle ne devient pas la **retraite nationale**.

Nous pensons qu'il était utile pour la classe ouvrière, d'examiner la question des retraites sous le jour où nous la présentons. L'idée émise dans ce travail est d'encourager le mutualiste en ajoutant que la solidarité est la principale base d'une démocratie dont notre pays doit donner l'exemple, la retraite nationale doit nous fournir la justification de cette affirmation, et c'est pourquoi elle ne peut être basée sur une classe seule, mais sur l'ensemble de la nation.

Nous ne voudrions pas clore nos conclusions sans rappeler que nous ne demandons le décime national que sur les contributions directes, que nous garantissons la constatation du certificat de vie, donnant pour devoir le versement d'un droit fixe annuel de 5 francs, et nous ajoutons que, dans notre esprit, la commune devrait verser pour ses indigents.

Que les ressources nouvelles pour les dépenses progressives ou l'établissement des nouvelles lois sociales peuvent très bien s'adapter aux contributions indirectes, pouvant faire état du monopole de l'alcool, frapper de droits spéciaux les spécialités; en résumé, avec la recherche d'économies devant servir à la diminution de notre dette formidable, faire face aux charges nécessitées par le développement de notre commerce, de notre industrie, et pour les charges qui incombent à la société vis-à-vis des malheureux.

En terminant ce travail, nous trouvons sous la signature de M. Sentupéry (1), un article des plus intéressants sur la facilité avec laquelle on peut trouver des ressources nouvelles sans charger l'individu, dans son budget régulier,

Il propose une recette de 116 millions, basée sur les billets de chemins de fer, à raison de o fr. 10 par billet au-dessus du prix de 3 fr. = 37.429.000 francs.

Un droit de o fr. 10 sur les expéditions grande vitesse, 10.846.341 francs.

Et enfin, par des taxes sur les expéditions de petite vitesse, 8.133.915 francs.

Soit au total : 58 millions.

Doublé très exactement par les taxes sur les transports maritimes et fluviaux. Total : 116 millions.

En donnant cet exemple, nous avons voulu démontrer que la bonne volonté aidant, nos législateurs trouveraient les moyens pratiques pour réaliser cette grande loi des retraites qui sera une réforme d'autant plus grande qu'elle sera réalisée par la nation entière.

Il y a d'autres ressources proposées, telles celles du projet Maujan, sur la confiscation au profit de l'Etat, des héritages au quatrième degré, quand aucun testament n'a été fait au profit d'un tiers. M. Maujan évalue à 150 millions les ressources de son projet.

Nous ne le discuterons pas, ne donnant cet exemple qu'à titre d'indication, mais nous pensons cependant pour

(1) *Lyon Républicain*, 7 août 1906.

notre part, qu'il ne faut pas trop s'enthousiasmer sur les prévisions, car elles peuvent fort bien ne pas avoir la régularité qu'affirme son auteur. Nous croyons même qu'il y a un danger à courir : celui de jeter aux « chausses » des personnes isolées de familles, une véritable armée de « chasseurs à testaments, nouveaux contrebandiers usant de tous les stratagèmes pour dépouiller les ressources de retraites, des sommes qui pourraient leur échoir, par manque de testament régulier.

Nous estimons encore que la franchise dans la question des Retraites doit avoir le pas sur toutes autres conceptions, sur toutes recherches laissant supposer aux travailleurs que par un coup de baguette on peut créer le capital initial devant assurer le payement des retraites.

Ce qu'il faut pour les garantir, ce sont des ressources précises, bien indiquées et spécialement réservées à la caisse spéciale des pensions de vieillesse ou de retraites.

Un effort considérable est en application depuis le 1er janvier 1907. C'est la loi sur l'invalidité, votée en 1905.

Cette loi de véritable solidarité sociale peut devenir l'assise la plus précise de l'établissement des Retraites nationales, elle porte dans son sein le germe précieux de la grave question qui nous occupe et il nous semble que c'est là, que l'on peut puiser la meilleure étude pour l'application des retraites de vieillesse.

Développons, généralisons cette loi de véritable solidarité, trouvons par les *ressources de l'impôt progressif spécial* de tous les Français le complément de ressources, *répartissons annuellement* les versements de tous et ne forçons pas plus longtemps le travailleur, le producteur, à verser dans les caisses de l'Etat le meilleur de ses économies en *impôts* devant servir de pensions viagères à des fonctionnaires toujours de plus en plus nombreux, et qui grèveront dans trente ans notre budget national, de la dette formidable de plus de 10 milliards.

Dans une loi de si haute portée d'éducation sociale, c'est tromper le travailleur en n'assurant pas, sans aléa possible, les ressources afférentes à l'engagement que l'Etat prend vis-à-vis de lui.

Aussi nous ne saurions trop nous élever contre ce principe de voter une loi, sans en assurer loyalement les ressources correspondantes, surtout quand il s'agit d'une loi dont les chiffres d'application rouleront sur plusieurs centaines de *millions* chaque année.

L'avenir ne doit pas être à la hardiesse des promesses et des conceptions, elle doit aller à la franchise, à la loyauté, à la vérité, basée sur l'amour des hommes entre eux, et sur l'esprit de solidarité qui doit unir tous les enfants de notre France bien-aimée, en attendant que ces sentiments solidaristes soient assez puissants pour déterminer par le monde, une conception plus grandiose : unir dans une commune pensée les travailleurs de tous pays, leur fixer leur tâche individuelle et amener, par une meilleure organisation du travail, l'extinction du paupérisme, sœur aînée de la Misère et de la Haine.

Auguste BESSE.

BIBLIOTHÈQUE NATIONALE IMPRIMÉS

.7

RÉSUMÉ ET VŒU

Considérant que la retraite est une charge sociale incombant à la société tout entière, qu'elle ne saurait être fournie par les seuls moyens des bénéficiaires, en l'espèce, le travailleur, ouvrier, employé, agriculteur ;

Considérant que les retraites spéciales des fonctionnaires absorbent de plus en plus les ressources de l'État que le fonctionnaire est un travailleur au même titre que l'ouvrier de l'usine, du magasin, des champs, que son privilège ne saurait être indéfini, qu'il créé une prime à l'abandon de tout travail producteur ;

Qu'il est juste, dans un gouvernement démocratique d'unifier, par l'impôt directement payé, les charges administratives et sociales de la nation ;

Qu'il est injuste, en regard, de faire contribuer le travail seul à l'établissement de la retraite des fonctionnaires et des salaires de l'industrie, du commerce et des champs, et de faire encore payer à ce dernier un impôt de 4 p. 100 sur son salaire ;

Qu'il est démontré que vu la baisse constante de l'intérêt, les **sommes capitalisées** deviennent dérisoirement productives, que cet intérêt ne peut se comparer avec le sacrifice que fait l'ouvrier par l'abandon de son capital, qu'en fait, la **capitalisation** offrant de réels dangers, seule la **répartition** doit être la règle dans la Retraite nationale.

VŒU

1° Tout Français et Française ayant 55 ans aurait droit à une pension alimentaire de 360 francs, pension payée à présentation d'un certificat de vie accompagné de 37 quittances annuellement payées de 18 à 55 ans et ne dépassant pas 5 francs, mais il est stipulé que cette retraite ne sera payable que pour moitié aux travailleurs continuant leur emploi, soit 180 francs.

2° A promulgation de la loi, l'entrée dans les administrations de l'État, du département ou de la commune ne comportera aucun droit à une pension de retraite de vieillesse, mais les fonctionnaires attachés dans les administrations avant la loi continueront leurs versements et jouiront des droits acquis, en pensions civiles et militaire celles-ci ne devant disparaître que par extinction.

Il est stipulé que la répartition de 360 francs revenant aux fonctionnaires du fait de leur retour au droit commun, viendra chaque année à la répartition collective, dont elle diminuera les charges ou également le jeu normal du fonctionnement des 30 premières années.

1° Comme conséquence nous repoussons tout projet, basé sur la capitalisation et le droit de 4 p. 100 sur le travail, qu'il soit ou non versé en commun par le patron et son collaborateur.

2° Tout projet qui ne donnera pas à la mère de famille restant au foyer les mêmes droits que la femme travaillant au dehors.

MESURES TRANSITOIRES

Considérant que l'organisation des retraites doit comporter des effets immédiats et qu'il y a lieu de fixer les clauses de la période transitoire, mais qu'il est prudent d'en réglementer avec précision le fonctionnement.

VŒU

A) Au moment de la promulgation de la loi, qui ne pourra l'être qu'un an révolu après le vote du budget, incorporant le décime spécial à la retraite et les charges afférentes à l'établissement du budget de répartition annuel des retraites.

Toute personne française âgée de 60 ans, la 1re année.

—	—	— de 59 —	2^e	—
—	—	— de 58 —	3^e	—
—	—	— de 57 —	4^e	—
—	—	— de 56 —	5^e	—
—	—	— de 55 —	6^e	—

(plein exercice de la loi) aura droit à une pension de retraite alimentaire de 360 francs incessible et insaisissable, sauf si elle touche une retraite, ou est susceptible d'y avoir droit, au compte de l'État comme fonctionnaire ou employé du département ou de la commune, dans le cas où la retraite n'égalerait pas 360 francs elle serait complétée à cette somme.

B) Les bénéficiaires de la loi d'invalidité, accident ou

vieillesse, ne seront inscrits que comme complément de la pension prévue par la loi des Retraites nationales.

C) Les économies de répartition des cinq premières années seront distribuées au marc le franc du nombre d'habitants dans chaque département, à charge pour le Conseil général de créer une caisse spéciale en faveur de l'hospitalisation du sanatorium, des malades ouvriers, employés ou tous autres salariés atteints de tuberculose. La bourse individuelle devra comprendre les frais d'hospitalisation et des secours permettant à la famille du malade de subvenir à ses besoins journaliers (1).

D) La présentation des droits à la retraite se justifient par les certificats de vie en nombre égal des années restant à parcourir de la promulgation de la loi à l'année d'accès de la retraite.

---

(1) On évalue à 3.500.000 le nombre des sexagénaires vivants en France, notre calcul portant sur 4.000.000 de retraites, c'est donc 500.000 pensions que nous ne répartissons pas la première année, environ 400.000 la seconde, etc., etc., on peut juger de l'importance que peut prendre la caisse départementale contre la tuberculose tout en permettant d'assurer normalement le fonctionnement de la loi des retraites, puisqu'il y aura 5 ans d'études sur ses conséquences statistiques.　　　　　　　　　　　　　　　　　　　A. B.

DOCUMENTS ANNEXES

PREMIÈRE PARTIE

TABLEAUX DÉMONSTRATIFS

Dans le but de bien préciser nos observations sur les rouages d'assurances existant et notamment la Caisse nationale des Retraites et la Compagnie d'assurance privée et pour justifier nos considérations générales, nous avons établi les tableaux ci-dessous, où nous avons résumé le Rapport Viager d'une somme de *cent francs, versée* chaque année, de 25 à 55 ans, soit 3o versements équivalents à une retenue de 5 p. 100 faite à un ouvrier, à un employé, à un fonctionnaire ou à toute personne jouissant d'un salaire ou revenu de *deux mille francs.*

Le tableau A comporte la rente à *capital aliéné;* le tableau B indique la rente à capital *intégralement réservé* au profit de la veuve, des enfants ou de toute personne désignée par le cotisant.

Le tableau C montre toujours à la Caisse nationale de l'État, l'assurance-vie combinée avec la rente viagère.

En face de ces exemples officiels, nous avons cru utile, au moment où des projets sont à l'étude pour monopoliser l'assurance par l'État, de donner en un tableau D, un exemple que nous trouvons dans les tarifs d'une compagnie d'assurances privée et portant sur un contrat d'assurance-vie, combinée avec la rente viagère au cas de survie, avec différentes combinaisons intéressantes, exécutoire à l'expiration du Contrat limité à 20 ans.

Nous avons pris pour base de ce tableau démonstratif un appointement ouvrier annuel de 2.500 francs avec abandon de 5 p. 100 au profit de l'assurance.

Tableau A

Versement annuel : 100 francs. — Jouissance de la rente à 55 ans. — Nombre de versements : 3o. — Age de début des versements : 25 ans.

AGE DU VERSEMENT	A 55 ANS LE COTISANT TOUCHERA POUR SON VERSEMENT	A 55 ANS en arrêtant ses versements LE COTISANT TOUCHERA	CAPITAL ALIÉNÉ
25 ans	100 fr. de versem‘ rapportent 30 84	30 84	100
26 --	— — — 29 50	60 31	200
27 —	— — — 28 34	88 68	300
28 —	— — — 27 18	115 86	400
29 —	— — — 26 03	141 92	500
30 —	— — — 24 99	166 91	600
31 —	— — — 23 96	200 87	700
32 —	— — — 22 98	223 85	800
33 —	— — — 22 03	245 88	900
34 —	— — — 21 12	267 »	1.000
35 —	— — — 20 24	287 24	1 100
36 —	— — — 19 40	306 64	1.200
37 —	— — — 18 60	325 24	1.300
38 —	— — — 17 80	343 04	1 400
39 —	Arrêt de versément 17 07	Pour être assuré de 360 11	1.500
40 —	— — 16 35	— — 376 46	1.600
41 —	— — 15 65	— — 392 11	1.700
42 —	— — 14 98	— — 417 09	1.800
43 —	— — 14 33	— — 431 42	1.900
44 —	— — 13 71	— — 445 13	2.000
45 —	— — 13 11	— — 458 24	2.100
46 —	— — 12 53	— — 470 77	2.200
47 —	— — 11 97	— — 482 74	2.300
48 —	— — 11 43	— — 494 17	2 400
49 —	— — 10 91	— — 505 08	2.500
50 —	— — 10 40	— — 515 48	2.600
51 —	— — 9 90	— — 525 38	2.700
52 —	— — 9 41	— — 534 78	2.800
53 —	— — 8 94	— — 543 72	2.900
54 —	— — 8 49	— — 552 51	3.000

55 ans — Jouissance de la rente de **552** fr. **51** dont **276** fr. **10** pour chaque époux.

Observation. — La Mutualité organisée sur ces bases de versements rendrait un intérêt supérieur à ces chiffres. Les versements de membres honoraires, les dons, les subventions augmentant les subsides, il n'est pas rare de voir certaines sociétés de secours mutuels, maladie et retraites, accordant 150, 180 et 200 francs de retraite, avec une cotisation annuelle de 24 francs, pour le risque maladie et assurances-vieillesse. Quant aux sociétés particulières de retraites, on en cite un certain nombre pouvant baser la rente de leurs retraites, au quart de la somme totale versée.

On peut comprendre la 242e. Actuellement cette Société, fondée à Lyon en 1873, possède un capital de 1.279.118 fr. 52, elle compte 5.543 membres actifs, et 2.726 *retraités*. Les premiers retraités ont touché les premières années du fonctionnement de la retraite 40 p. 100 de leurs cotisations pendant vingt ans seulement: le taux s'est un peu abaissé à 32 p. 100. La dernière Assemblée générale a voté la rente à 20 p. 100, taux qui semble définitif et assure les réserves normales du capital nécessaire à la servitude des arrérages.

La cotisation par sociétaire est de 13 francs par an, mais il est possible de s'inscrire pour cinq parts, soit 65 francs par an. Mais le porteur de 2, 3, 4 ou 5 parts. n'a qu'une voix dans les Assemblées générales, et ne peut être administrateur qu'au même titre que le sociétaire n'ayant que le livret n° 1.

Une dernière remarque. Nous voyons un ensemble de 8.269 membres actifs dont 2.726 sont retraités: nous remarquons également une plus-value de recettes sur les dépenses de 48.983 fr. 44.

Recettes : 154.096 fr. 19. Dépenses : 105.112 fr. 75.

Nous avons tenu à donner des renseignements particuliers sur une œuvre de retraites dont les résultats sont des plus intéressants, puisque le sociétaire s'assure 20 p. 100 de rente sur les économies qu'il a confiées à cette institution.

A. B.

TABLEAU B

Versement annuel : 100 francs. — Jouissance de la rente à 55 ans. — Nombre de versements : 30. — Age de début des versements : 25 ans.

AGE DU VERSEMENT	A 55 ANS LE COTISANT TOUCHERA POUR SON VERSEMENT	A 55 ANS en arrêtant ses versements LE COTISANT TOUCHERA	CAPITAL RÉSERVÉ
25 ans	100 fr. de versem' rapportent 21 69	21 69	100
26 —	— — — 20 64	42 33	200
27 —	— — — 19 63	61 96	300
28 —	— — — 18 66	80 62	400
29 —	— — — 17 73	98 35	500
30 —	— — — 16 84	115 19	600
31 —	— — — 15 99	131 18	700
32 —	— — — 15 17	146 35	800
33 —	— — — 14 38	160 73	900
34 —	— — — 13 63	174 36	1.000
35 —	— — — 12 91	187 27	1.100
36 —	— — — 12 22	199 49	1.200
37 —	— — 11 56	211 05	1.300
38 —	— — — 10 92	221 97	1.400
39 —	Arrêt de versement 10 31	Pour être assuré de 232 28	1.500
40 —	— — 9 78	— — 242 01	1.600
41 —	— 9 17	— — 251 18	1.700
42 —	— — 8 64	— — 259 82	1.800
43 —	— — 8 13	— — 267 95	1.900
44 —	— — 7 64	— — 275 59	2.000
45 —	— — 7 17	— — 282 76	2.100
46 —	— — 6 72	— — 289 48	2.200
47 —	— — 6 29	— — 295 77	2.300
48 —	— — 5 89	— — 301 66	2.400
49 —	— — 5 50	— — 307 16	2.500
50 —	— — 5 12	— — 312 28	2.600
51 —	— — 4 77	— — 317 05	2.700
52 —	— — 4 43	— — 321 48	2.800
53 —	— — 4 11	— — 325 54	2.900
54 —	— — 3 81	— — 329 40	3.000

55 ans   Jouissance de la rente de **329** fr. **40**,
dont **168** fr. **70** pour chaque époux.

Tableau C

Indication, à titre d'exemple, des sommes à verser annuellement : 1° à la Caisse nationale des retraites, pour obtenir une rente viagère de 360 francs ; 2° à la Caisse d'assurance en cas de décès, pour garantir à la mort le payement d'un capital de 1.000 francs.

AGE		NOMBRE de versements à faire	MONTANT DE CHAQUE VERSEMENT		
AU PREMIER VERSEMENT	D'ENTRÉE en jouissance de la rente		Partie applicable à la rente viagère capital aliéné	Partie applicable à l'assurance en cas de décès	TOTAL
			fr. c.	fr. c.	fr. c.
20 ans . . .	50 ans	30	79 40	21 90	101 30
	55 —	35	50 85	20 35	71 20
	60 —	40	31 50	19 35	50 85
	65 —	45	18 30	18 60	36 90
25 — . . .	50 —	25	108 15	25 85	134 »
	55 —	30	67 65	23 45	91 10
	60 —	35	41 20	21 90	63 10
	65 —	40	23 70	20 90	44 60
30 — . . .	50 —	20	152 90	31 75	184 65
	55 —	25	92 25	27 80	120 05
	60 —	30	54 90	25 35	80 25
	65 —	35	31 15	23 80	54 95

L'exemple ci-dessus nous est fourni par les notices remises gratuitement par la Caisse nationale des Retraites.

Cette combinaison se lie avec l'assurance-vie; ses calculs sont basés sur 20 ans, 25 ans et 30 ans comme début des versements. Le but indiqué comporte une rente viagère de 360 francs et une assurance-vie de 1.000 francs.

Tableau D

Versement annuel 240 francs. Pour garantir en cotisant régulièrement pendant 20 ans — âge de début 30 ans — les avantages ci-dessous :

a) Soit : un capital payable à un décès, qu'il se produise avant ou après les 20 ans (dans ce dernier cas, plus de prime à verser après les 20 ans), de. . . Fr. 8.610 »

b) Soit : un capital à toucher lui-même dans 20 ans, de . . . . Fr. 5.620 »

c) Soit encore : le droit à l'une des options suivantes, après la vingtième année :

1° Capital espèces et résilié. . . . . . . Fr. 5.941 50

2° Ou rente annuellement et jusqu'au décès . . . . Fr. 240 »

Plus capital payable aux héritiers, lors du décès . . . . Fr. 5.210 »

3° Ou capital espèces de suite de. . . . Fr. 3.383 90

Plus capital au décès.. . . . . Fr. 5.210 »

Qui font ensemble. . . . . Fr. 8.593 90

4° Ou ne plus rester assuré au décès et recevoir une rente viagère totale de. . . Fr 421 40

Dans les combinaisons :

a) Les 5.620 fr. sont payés de suite en cas de prédécès.

b) Les 5.210 fr. — —

Le gros avantage de ces contrats à combinaisons mixtes réside dans la garantie d'un capital au cas de décès, et à la souplesse des divers régimes à adopter à l'expiration du contrat.

L'exemple que nous donnons porte sur 10 francs par

mois, mais il peut se réduire à 5 — ajoutons que le titre d'assurances est une valeur augmentant à mesure que s'augmentent les versements et qu'ils ont une valeur non fictive, les compagnies elles-mêmes les rachetant ou les nantissant par des prêts en espèces.

DOCUMENTS SUR LES RETRAITES PATRONALES

TYPE DE RETRAITES
ORGANISÉES PAR UNE MANUFACTURE LYONNAISE
PAR PRIMES DE PARTICIPATION AUX BÉNÉFICES

L'exemple que nous présentons a été choisi pour démontrer l'importance que peuvent avoir les contrats collectifs, permettant certaines clauses de participation aux bénéfices, *base de retraites* futures et de supplément de salaire, accordés par une collaboration soutenue au succès de l'entreprise.

Dans une manufacture dont les produits sont très variés, il peut paraître difficile de faire une part équitable de participation à chaque groupe de travailleurs, on va voir par notre exemple que cette difficulté a été vaincue très intelligemment.

1° Tous les employés de la maison ont un intérêt dans leur service respectif: par l'économie dans la gestion, par la rapidité de l'exécution des ordres, par le chiffre de marchandises sorties, par le bloc de préparation à une façon quelconque, par la surveillance générale portant sur un ou plusieurs services. Les employés de la maison centrale de vente sont intéressés en commun au chiffre général des affaires. Les dessinateurs ont un contrat

spécial et participent aux primes dans leur service particulier. Certains employés *touchent jusqu'aux 3/4 de leurs
appointements*, à la fin *de l'année commerciale*, suivant
leur ancienneté dans la maison..

Nous nous arrêtons pour préciser que les primes sont
touchées par l'employé qui peut en jouir à sa guise ; par
un sentiment d'éducation prévoyante, au début de ces
répartitions, la remise s'en faisait à la caisse d'Épargne
où tous les bénéficiaires étaient réunis un même jour.

En 1882, pareil système ayant été créé pour les ouvriers,
40 p. 100 se firent ouvrir des livrets et un grand nombre
prirent l'habitude de compter sur leurs appointements
fixes pour vivre, mettant en réserve leur prime de fin
d'année.

Le personnel employé, et le personnel ouvrier sont
divisés en 7 catégories, suivant leur temps de service ; la
participation ne commence *définitivement* qu'au bout de
deux ans révolus de travail dans la maison ; pendant les
deux premières années, les primes sont réservées, au
profit du titulaire s'il reste dans la maison, où à la caisse
de secours, s'il la quitte. En résumé tout ouvrier ou
employé est stagiaire, pendant 2 ans.

Pour les ouvriers voici quelques chiffres de répartition :

1re catégorie . . . . . . de 0.90 à 1.25 p. 100 du salaire
2e — . . . . de 1.30 à 2.60 — —
3e — . . . . de 2.70 à 3.95 — —
4e — . . . . de 3.60 à 5.25 — —
5e — . . . . de 4.65 à 6.50 — —
6e — . . . . de 5.45 à 7.80 — —
7e — . . . . de 6.35 à 9.20 — —

La prime s'obtient en multipliant le chiffre abandonné

à la participation par le salaire, lequel est à son tour multiplié par la catégorie, qui fait le multiplicateur.

En 1894, la maison a créé les livrets individuels de retraites, qui se constituent avec le même esprit de liberté, à la liquidation des primes de participation ; nous donnons quelques résultats de cette participation aux bénéfices, convertis en retraites par le livret de la Caisse nationale des Retraites, mais avant, ajoutons que dans le but de favoriser les anciens ouvriers, entrés avant l'organisation des services de prévoyance, tels qu'ils sont organisés depuis 1894, la maison retraite, sur sa caisse, les ouvriers ayant 30 ans de présence, auxquels elle alloue 400 francs par an. 16 pensionnaires sont actuellement dans ce cas, et touchent un total de 7.960 francs de pension.

Résultats acquis par le versement de primes de participation aux bénéfices.

Versements faits à la Caisse nationale des Retraites au taux 3 1/2 p. 100, moyenne des participations des 5 dernières années comme base des bénéfices futurs.

Tableau du roulement des participants suivant leur ancienneté.

1re année.	1re catégorie	
2 à 4 ans	2^e	—
5 à 9 —	3^e	—
10 à 14 —	4^e	—
15 à 20 —	5^e	—
20 à 29 —	6^e	—
30 et au-dessus.	7^e	—

	Naissance	Entrée à l'usine	Salaire moyen	Nombre d'années versées	Nombre d'années à verser	Capital versé à 60 ans	Rente à 60 ans capital réservé	Rente à 60 ans capital aliéné	
			fr. c.			fr. c.	fr. c.	fr. c.	
Contremaître.	1876	1897	3.000 »	7	31	9.199 »	961 »	1.600 »	environ
Entré à la maison à . . .		21							
Ouvrier tulliste.	1865	1888	2.210 »	14	20	5.200 x	603 »	1.000 »	—
Entré à la maison à . . .		23							
Ouvrier tulliste.	1858	1889	2.060 »	14	13	3.380 »	260 »	420 »	—
Entré à la maison à . . .		31							
Ouvrier tulliste.	1882	1899	1.750 »	6	37	4.147 »	597 »	1.000 »	—
Entré à la maison à . . .		17							
Ouvrier mécanicien . . .	1875	1898	1.970 »	7	30	3.869 »	440 »	750 »	—
Entré à la maison à . . .		23							
Garçon de peine	1867	1893	1.500 »	11	22	2.971 »	298 »	500 »	—
Entré à la maison à . . .		26							

DOCUMENTS ANNEXES

DEUXIÈME PARTIE

LE RÉGIME ALLEMAND

L'Allemagne a rendu obligatoire l'assurance de tous les risques du travail : accidents, maladies, invalidité, vieillesse, décès. La première phase fut celle touchant les accidents du travail.

Nous n'analyserons que la partie de ces assurances portant sur la vieillesse.

Ces assurances se divisent en deux parties : Invalidité, vieillesse.

La pensée du législateur allemand dans l'établissement de l'assurance-invalidité et vieillesse a été d'en faire bénéficier tout Allemand producteur, c'est ce qui ressort des commentaires juridiques de Paul Laband. « Celui qui a droit à pension doit avoir, jusqu'à qu'il soit invalide ou trop vieux, occupé régulièrement, sans interruption de trop longue durée, une position qui l'ait assujetti à l'assurance, ou lui a donné le droit de s'assurer lui-même ; en d'autres termes, il doit avoir participé au travail et à la production de son pays dans le domaine économique »...

On ne peut pas acquérir le droit à une pension de ce genre en versant un certain capital, ou en payant à volonté, à l'avance ou en retard, pour une période aussi longue que l'on veut ; du reste on ne peut acquérir une pension, le droit à la pension, par de simples versements d'argent...

§ 147. Quiconque n'est pas assujetti à l'assurance, c'est-à-dire, n'est pas occupé en échange d'un salaire ou d'un traitement, ou fait partie des entrepreneurs de la loi indépendants qui ont le droit de s'assurer par eux-mêmes, ne peut justifier du rapport d'assurance.

Quiconque après avoir justifié de cette situation, cesse d'être assujetti à l'assurance, c'est-à-dire de travailler contre un salaire, peut se conserver le droit à une pension en faisant volontairement les versements, mais on ne peut jamais lui demander pour une année plus de 52 semaines de versements.

§ 46. Si pendant 2 années consécutives il n'a effectué de versements que pour moins de 20 semaines, en tout, il perd son droit à une pension.

« Il n'y a donc pas là, en fait, 2 prestations pécuniaires seulement ; il y a, d'un côté, le fidèle accomplissement d'une profession, un service rendu à la collectivité pour les personnes devenues incapables de gagner leur vie à la suite des services rendus à la richesse économique.

« D'après la pensée socialiste qui a inspiré les assurances ouvrières, le travail professionnel accompli est le véritable titre essentiel pour une pension en cas d'invalidité et de vieillesse, tandis que les versements effectués ne sont qu'un expédient imposé par les nécessités financières et altèrent la pureté et la conception idéale de cette institution juridique. »

LES ASSUJETTIS A L'ASSURANCE

Toutes les personnes qui sont occupées comme ouvriers, aides, compagnons, apprentis ou domestiques, moyennant

un salaire ou un traitement dès qu'elles *ont 16 ans
révolus*. (Loi sur l'assurance à l'invalidité, § 1.) Mais pour
les personnes employées dans l'industrie, maîtres et
ouvriers techniques, pour les aides et apprentis dans le
commerce, enfin pour les professeurs et précepteurs, on
ajoute cette restriction que leur salaire annuel régulier
ou leur traitement ne doit pas dépasser 2.000 marks.

L'assurance obligatoire peut aussi être étendue aux
entrepreneurs indépendants qui n'occupent pas moins
d'un ouvrier salarié d'une façon régulière et à ceux qui
travaillent à domicile, c'est-à-dire aux ouvriers indépendants qui fabriquent ou travaillent des produits industriels dans leurs propres ateliers sur les ordres et pour le
compte d'autres personnes.

L'assurance obligatoire n'exige donc que 2 conditions,
à savoir : que l'on aie 16 ans révolus et que l'on travaille
moyennant un salaire ou un traitement.

L'assurance obligatoire s'étend uniformément aux
2 sexes, aux nationaux et aux étrangers.

Ne sont pas tenus à l'assurance. — Les fonctionnaires
et professeurs en service préparatoire, les fonctionnaires
et professeurs qui aspirent à une pension égale au minimum de la pension pour invalidité, les militaires
employés comme ouvriers dans le service, en outre, les
personnes auxquelles il a été accordé une pension d'invalidité en vertu des dispositions de la loi de l'Empire, et
celles dont la capacité à gagner leur vie s'est trouvée
réduite d'une façon permanente à moins d'un tiers de ce
qu'elle était par suite de l'âge, de maladies ou d'infirmités (§ 5).

Peuvent être, sur leur demande, dispensées de l'assurance, les personnes qui reçoivent une pension à la suite d'occupations antérieures, ou qui sont assurées à des caisses spéciales autorisées, ou qui ont accompli leur 70ᵉ année.

Chiffre de la contribution. — Le chiffre des contributions est fixé d'après le gain annuel des assurés.

L'assuré peut demander que son assurance corresponde à une classe de salaires plus élevée que celle que l'on devrait normalement considérer ; mais dans ce cas, il doit consentir à la majoration des versements. Il n'est pas permis de s'assurer pour une classe de salaires inférieure à celle où l'on est légalement inscrit.

Les contributions sont, au point de vue des salaires, divisées en 5 classes, qui vont respectivement jusqu'à 350, 550, 850, 1.150 et plus de 1.150 marks de gain annuel.

. . . .

Les contributions doivent être les mêmes pour tous les assurés appartenant à une même classe de salaires et ne doivent être proportionnées qu'au montant moyen des pensions à accorder suivant les classes.

. . . .

La contribution est fixée sur la moyenne des salaires de la catégorie.

Le tarif de la classe est fixé pour 10 ans.

Le droit à la pension de vieillesse est échu à 70 ans — le vieillard doit avoir versé au moins pendant 1.200 semaines. Pour le calcul, dans le cas où il aurait versé plus de

1.200 semaines il est tenu compte des 1.200 plus haut versements, les plus élevés (1).

. . . .

Terminons cette présentation en appelant l'attention du lecteur sur ce fait que l'assurance est organisée nationalement et régionalement, sur le contrôle direct de l'Etat.

LE RÉGIME BELGE

La Belgique est souvent mise en comparaison de l'Allemagne, pour son organisation de pension de vieillesse. Tandis que l'Allemagne procède par l'*obligation* des versements du travailleur, la Belgique *subventionne* seulement l'*initiative individuelle*, son système oppose donc la *liberté à l'obligation*.

Elle encourage également par des dispositions spéciales les organismes mutualistes.

Promulgué le 10 mai 1900, ses résultats sont des plus satisfaisants.

Voici le résumé de quelques articles :

« ARTICLE PREMIER. — Des pensions annuelles d'encouragement, en vue de la constitution de pensions de vieillesse sont accordées par l'État, dans les conditions déterminées par la présente loi:

« 1° Aux personnes assurées à la Caisse générale de retraites, sous la garantie de l'État par l'intermédiaire

(1) *Le droit public de l'Empire allemand*, Paul Laband.

d'une société mutualiste reconnue par le gouvernement, à condition que le montant des versements effectués par elle ne dépasse pas 60 francs pour l'année entière;

« 2° A toutes personnes assurées directement à la Caisse qui ne sont pas exclues du bénéfice de la loi. »

Parmi les exclues, à primes d'encouragement, et qui sont assurées à la caisse générale, directement, sont spécifiées : les imposées, en impôt direct au profit de l'État, patentes comprises, payant :

50 francs dans les communes d'une population inférieure à 10.000 habitants.

60 francs dans les communes d'une population de 10 à 25.000 habitants.

70 francs dans les communes d'une population de 25 à 50.000 habitants.

80 francs dans les communes d'une population de 50.000 et au-dessus.

Puis les agents de l'État, jouissant d'une retraite spéciale.

Dans l'article 4, la loi détermine que les versements des intéressés peuvent être faits à capital réservé, mais les primes de l'État à capital aliéné.

L'entrée en jouissance de la pension ne peut être fixée qu'à partir de 55 à 65 ans.

Taux de la prime d'encouragement.

« ART. 5. — Le montant de la prime annuelle est fixé à 60 centimes par franc et par livret à concurrence de 15 francs versés.

« Chaque titulaire ne peut avoir qu'un seul livret.

« Art. 6. — L'assuré est admis au bénéfice des primes jusqu'à ce que l'ensemble des sommes inscrites sur son livret, suffise pour constituer une rente annuelle et viagère de 360 francs.

« Pour établir ce maximum, les versements à *capital réservé* sont censés avoir été faits à *capital abandonné* et l'entrée en jouissance des rentes est réputée avoir été fixée uniformément à 65 ans. »

Encouragement spécial aux sociétés mutualistes reconnues.

« Art. 12. — Le gouvernement allouera à toute société mutualiste reconnue ayant pour objet l'affiliation de ses membres à la Caisse générale des retraites une subvention annuelle de 5 francs, pour chaque livret sur lequel il aura été versé, pendant l'année écoulée, une somme de 3 francs au moins, non compris les subsides des pouvoirs publics et à la condition que la gestion et les écritures de la société auraient été trouvées régulières.

Telles sont les grandes lignes de la loi belge concernant les pensions de vieillesse que nous complétons par quelques chiffres :

SOCIÉTÉS MUTUALISTES RECONNUES

dont les membres participent aux primes d'encouragement allouées par l'État

ANNÉES	NOMBRE de SOCIÉTÉS	NOMBRE DE LIVRETS			TOTAL des VERSEMENTS	PRIMES ALLOUÉES PAR L'ÉTAT pour les versements opérés pendant les années en regard	SUBVENTION de DEUX FRANCS
		anciens sur lesquels des versements ont été faits pendant l'année	nouveaux ouverts pendant l'année	TOTAL			
					fr. c.	fr. c.	fr. c.
1900	3.327	94.105	134.476	228.581	2.705.431 10	1.086.480 80	411.136
1901	4.319	197.057	131.148	328.205	3.971.402 82	1.750.885 40	601.292
1902	4.597	291.799	88.497	380.296	5.058.548 17	2.209.839 »	704.402
1903	4.813	384.369	70.603	454.972	5.556.255 47	2.889.182 40 (1)	784.334
1904	4.933	400.787	65.335	466.122	5.971.075 17	3.121.852 80 (1)	848.344
1905	5.053	430.815	71.442	502.257	6.474.498 87	3.370.597 90 (1)	920.464

(1) Ces chiffres ne comprennent pas les primes qui sont attribuées aux miliciens obligatoirement affiliés, et qui se sont élevées :

    Pour 1903, à . . . . 384.093 francs

    — 1904, à . . . . 394.290 —

    — 1905, à . . . . 379.831 —

NOMBRE DE BÉNÉFICIAIRES DE L'ALLOCATION DE 65 FRANCS

1901	. . . .	173.800
1902	. . . .	212.000
1903	. . . .	210.000
1904	. . . .	203.000
1905	. . . .	214.804

(Communication du Ministère de l'Industrie et du Travail de Belgique. — Section des Institutions de prévoyance).

FRANCE

PROJET FRANÇOIS FOURNIER

Le député Fournier a établi un projet très intéressant englobant tous les Français et Françaises dans les droits à la retraite de vieillesse.

Il limite à 600 francs de revenus, le droit à la participation de l'État, c'est-à-dire que la loi ne se préoccupe pas d'assurer de subsides de vieillesse aux possesseurs de plus de 600 francs de versements.

A partir de 600 francs de revenus et à 60 ans d'âge, le vieillard reçoit une allocation de l'État de . 100 francs,

A 500 francs de revenus allocation de . . 200 —

A 400 — — — . . . 300 —

A 300 francs, inférieur ou nul, l'État verse 400 —

M. Fournier fait percevoir pour assurer l'économie financière de son projet :

1° Une journée par an de travail, de salaire ou de versements, de casuel, affaires, indemnités, etc Quand le prix de la journée ne pourra s'établir, il sera perçu quinze fois la journée moyenne du prix de loyer annuel.

« Nul civil, militaire, ecclésiastique, magistrat, fonctionnaire de tout ordre, depuis le chef de l'État, les ministres, les sénateurs, les députés, jusqu'au plus modeste citoyen, n'est exempt de cet impôt de solidarité sociale. »

2° Un impôt de 3o p. 100 sur les droits de mutation des héritages entre personnes non parentes, autres que les départements, communes ou établissements de bienfaisance, lorsque ces derniers sont sous le contrôle de l'État.

3° 5 p. 100 en sus, sur les successions collatérales.

4° 2 p. 100 sur les rentes de l'État jusqu'à 15.000 francs, 4 p. 100 jusqu'à 3.000 francs, en augmentant d'un franc par 10.000 francs de rente.

5° 5 francs par hectare de chasse gardée.

6° 25 francs par hectare de propriétés d'agréments, (parcs-jardins), sauf celles de l'État, des départements, des communes ou des établissements de bienfaisance.

7° 2 millions de francs sur les fonds du pari mutuel.

8° Un impôt par commune, prélevé sur le budget communal à raison de 0,25 par habitant.

9° Un appoint sur le budget général de l'État à déterminer selon les besoins du service des retraites pour la vieillesse.

Ce que nous trouvons intéressant et à retenir dans ces projets c'est l'obligation effective de faire contribuer tous les Français et Françaises à la formation du fond de retraites.

Indiscutablement, ce projet laisse substituer les retraites de fonctionnaires ou les retraites privées, mais si ces bénéficiaires ne peuvent profiter de deux retraites, du moins sont-ils assurés de 400 francs, quand même ils quitteront prématurément leur administration ou leur emploi.

C'est un acheminement vers l'égalité des charges et l'égalité des droits, en rapport avec la situation sociale du citoyen, c'est le premier pas vers nos idées, en matière de retraites.

PROJET COUTANT

Le député Coutant veut faire servir par l'Etat une retraite aux vieux travailleurs, en prenant les ressources du monopole de la rectification de l'alcool, par un impôt sur le capital successoral (succession, mutation, décès ou donations entre vifs).

Par les versements des participants.

Son projet, comme celui de M. Vaillant, englobe tous les risques sociaux : vieillesse, invalidité, décès.

Il subventionne les départements et les communes pour l'assistance des infirmes et des incurables.

Il assure à tout Français de l'un et de l'autre sexe, âgés de 60 ans révolus, qui ne possèdent pas les ressources nécessaires à la vie, une pension viagère de 400 francs. Dans le cas d'invalidité avant cet âge, la pension est réduite à 300 francs, mais elle est ramenée à son taux normal, 400 francs, à partir de 60 ans.

M. Coutant n'assure aux ayants-droit jouissant d'un revenu moindre de 400 francs, ayant 60 ans d'âge, que le supplément devant parfaire le revenu brut de 400 francs ; toutefois, il excepte des restrictions, les revenus qui proviendraient d'une société mutualiste.

En plus des ressources que nous avons signalées au début de cette analyse, M. Coutant impose à tous les Français et Françaises la cotisation mensuelle de o fr. 5o de l'âge de 20 ans à 6o ans. — Les communes payent les cotisations des indigents.

Toutes les sommes versées sont aliénées.

Le projet Coutant pèche à sa base même, puisqu'il englobe tous les Français comme bénéficiaires et cotisants, mais immédiatement par son article 18, il sort le bénéfice de la loi à une quantité de Français, fonctionnaires ou travailleurs qui, très souvent, à 20 ou 25 ans, n'ayant pas la carrière qui les met dans la loi du législateur Coutant et qui sont indiqués dans cet ordre :

« 1º Les fonctionnaires, employés et ouvriers de l'Etat, régis par les lois en vigueur sur les pensions civiles ou militaires ;

« 2º Les inscrits maritimes régis par les lois relatives à la Caisse des invalides de la marine ;

« 3º Les ouvriers et employés des exploitations minières qui demeurent soumis aux dispositions de la loi du 29 juin 1894 ;

« 4º Les ouvriers et employés des établissements nationaux civils ou militaires, au profit desquels fonctionnent des caisses spéciales de retraites ;

« 5º Les ouvriers des compagnies de chemins de fer qui ont organisé des caisses spéciales de retraites dans des conditions prévues par la législation en vigueur ;

« 6º Les ouvriers et employés des départements, des

communes, des établissements départementaux et muni-
cipaux, au profit desquels fonctionnent des caisses spéciales de retraites régulièrement constituées. »

Projet Edouard Vaillant, Allard, Bouveri, etc.

Ce projet ne vise l'assurance de la vieillesse que pour
les personnes « vivant de leur travail » : il embrasse tous
les risques sociaux. Son article 2 est ainsi conçu :

« Toute personne, vivant de son travail, ou dont le chef
de famille vit de son travail, sans y employer de salarié,
toute personne dépourvue de ressources et secours, quels
que soient son âge, son sexe et sa nationalité, née en
France ou y résidant, est assurée par l'Etat contre tous
risques sociaux notamment, ceux résultant de l'abandon,
de l'infirmité, de l'invalidité, de la vieillesse, du chômage,
de la maladie et des accidents. »

L'article 9 est celui qui nous intéresse dans la question
retraite — il est ainsi libellé dans ses paragraphes spéciaux :

L'âge de la retraite est déterminé par l'assurance suivant les professions et la situation individuelle.

Tout assuré qui atteindrait 60 ans sans retraite ou
pension de vieillesse, d'invalidité ou d'incapacité de
travail, considéré comme ayant droit au repos, sur sa
simple notification qu'il renonce au travail, recevrait la
pension de vieillesse.

« La pension d'invalidité ou de vieillesse ou d'incapacité
de travail, ne peut être inférieure à 2 francs par jour, soit
720 francs par an dans les villes.

« Elle est équivalente et fixée suivant le prix de la vie, dans les autres communes. »

Ressources. — M. Vaillant et ses collègues indiquent les ressources d'exécution de leur projet par l'article 10, ainsi conçu :

« 1° Par le transfert à l'assurance de tous les biens, établissements et revenus de l'assistance ;

« 2° Par la contribution quotidienne des employeurs et les majorations de cette contribution ;

« 3° Par la contribution annuelle de l'Etat. »

Ce projet présente, à notre avis, peu d'intérêt pratique ; un détail est cependant important : celui de l'incorporation du budget de l'assistance publique dans le budget de solidarité sociale.

M. Vaillant et ses collègues ont eu en vue la création d'une vaste association mutualiste étatiste, où l'enfance, l'état d'adulte, la vieillesse, auraient dans toutes les phases de leur vie, comme tuteur immédiat : l'Etat.

La pensée est généreuse, mais combien peu applicable d'un seul bloc. Il y a dans les risques énoncés divers paliers où ils ne peuvent se résoudre que progressivement et suivant des formules appropriées au risque.

Projets divers.

Achille Adam, Tallandier, Plichon. — Retraites complétées à 360 francs, seulement aux membres de sociétés de secours mutuels. Primes de o fr. 50 pour tout versement de 1 franc par tête de sociétaire à son fonds de retraite ; maximum par tête, 6 francs par an. Le verse-

ment individuel de 12 francs deviendrait donc régulièrement un capital de 18 francs à placer en rente 3 o/o sur
l'Etat, par *l'intermédiaire de la Caisse nationale de
retraites.*

Laurent, Cartelet. — Obligation de créer dans chaque
commune une société de secours mutuels, ayant le but
très défini d'organiser le fonctionnement d'une caisse de
retraites pour les ouvriers agricoles.

MM. Gayraud et Lemire. — 1° *Obligation* d'assurance, à partir de 16 ans, pour tous les salariés ne jouissant
pas d'un revenu ou salaire de 2.400 francs.

2° Division des salariés en cinq classes, correspondant
à un salaire minimum dans chaque catégorie.

3° L'obligé, suivant sa catégorie, doit verser :

1re classe, toutes les semaines	o fr.	5o
2° — — —	o fr.	7o
3° — — —	o fr.	8o
4° — — —	o fr.	9o
5° — — —	1 fr.	»

4° L'Etat, en retour, verserait en même temps que le
cotisant :

1re classe	o fr. o8	4° classe	o fr. 21
2° —	o fr. 12	5° —	o fr. 25
3° —	o fr. 18		

MM. Gayraud et Lemire garantissent l'invalidité et la
retraite à 65 ans d'âge.

On remarque dans ce projet un côté intéressant au
point de vue organisation. D'abord la création de caisses

régionales ; ensuite il adopte comme capable de gérance des intérêts constitutifs de la retraite, les mutualités et les syndicats professionnels.

Dans ses grandes lignes, il se rapproche du projet voté par la Chambre des députés.

Projet Dubuisson. — Ce projet qui a été peu discuté, présente très peu d'intérêt en face de celui voté par la Chambre et que nous analysons dans la deuxième partie de notre travail. Il comporte : jouissance de la rente 65 ans ; cotisation de l'intéressé 2 p. 100, cotisation du patron 2 p. 100 ; assurance de 360 francs en justifiant de 7.500 primes de travail ; 300 francs pour 6.000 primes ; 250 francs par an à tout invalide du travail justifiant de 4.000 primes de travail ; 200 francs pour celui ne justifiant que de 2.000.

M. Dubuisson fait de notables exceptions et l'on arrive à des conclusions qui, nous le répétons, nous font préférer le projet Millerand, voté en 1905. Cependant nous devons noter que le projet Dubuisson, par son article 37, garantit intégralement le droit des mutualistes.

DOCUMENTS ANNEXES

TROISIÈME PARTIE

NOTES HISTORIQUES

des pensions civiles et militaires

Les pensions de retraites pour les fonctionnaires civils ont pris naissance en 1673. C'est à Colbert que l'initiative en revient par la création de la caisse des Invalides de la marine.

Précédemment, les princes accordaient très souvent des pensions de reconnaissance, suivant leur bon plaisir, et quelquefois les décrétant transmissibles à la famille.

En 1764, les vieux serviteurs de l'armée eurent le choix entre les Invalides ou une pension calculée d'après leur grade ou leur temps de service.

Mais la véritable organisation remonte à la Révolution française. Le 22 août 1790, l'Assemblée constituante supprima toutes les pensions et substitua un régime nouveau : 3o ans de service, 5o d'âge (sauf blessures ou infirmités contractées dans le service) ; absence de toutes ressources personnelles ; accroissement de la pension au delà de 3o années ; limitation de la retraite, 10.000 francs ; pension non reversible sur la veuve et les enfants ; cependant quelques dispositions spéciales sont insérées pour les garantir de la misère.

Une somme de 10.000 francs fut votée, mais fut insuffisante pour doter tous les ayants droit. C'est à ce moment (1796) que, suivant l'exemple de la Compagnie des fermes, diverses administrations organisèrent des caisses en opérant des retenues sur les appointements de leurs employés, mais elles innovèrent que les pensions de retraites seraient reversibles sur la tête des veuves et des orphelins.

Ces caisses dont les taux de revenus avaient, pour la plupart, été mal calculés, quant au nombre et la durée des pensions à servir ; accueillirent encore favorablement des sujets sans titres contre tous droits légaux. En résumé, dès le Premier Empire, l'Etat dut accorder des subsides.

Profitant du succès des retraites comme moyen sûr de s'attacher le dévouement des fonctionnaires; en 1814, 1815, les éléments politiques au pouvoir multiplièrent les retraites hâtives pour remplacer les retraités par de nouveaux fonctionnaires. A ce moment, les pensions montèrent de 28 millions à 63.

Le 28 avril 1816, la Caisse des dépôts et consignations fut chargée de la direction et de la centralisation des retraites. — La Restauration et le règne de Louis-Philippe subirent de véritables assauts de réclamations des caisses de pensions.

Enfin, on régla définitivement les pensions militaires (armée de terre) en avril 1831 ; celles de la marine, 18 avril même année, modifiées par les loi et décret des 15 et 17 juin 1861.

Les pensions civiles n'ont été soumises à la règle commune que depuis le 9 avril 1853 et par décret du 9 novembre de la même année.

La pension civile est limitée à 6.000 francs.

Nous avons tenu à donner ce rapide aperçu historique des pensions de fonctionnaires pour bien préciser toute notre pensée. Nous plaçons sous les yeux du lecteur un tarif de quelques traitements militaires avec la pension en regard ; nous y avons joint le tarif des fonctionnaires civils de ce ministère, qui se rapproche sensiblement des fonctionnaires des autres ministères ou administrations de l'Etat ; nous disons qui se rapproche, les pensions civiles n'étant pas unifiées dans les administrations ; aussi l'Association des fonctionnaires s'occupe activement de les faire unifier dans tous les ministères et leurs dépendances.

Rappelons que les pensions civiles sont constituées :

1° *Par l'Etat seul* pour ses fonctionnaires directs qui laissent dans ses caisses une retenue de 5 p. 100. Ne sont pas soumis à la retenue les ministres, préfets, sous-préfets.

2° *Par les départements* pour leurs fonctionnaires de tous ordres, soumettant également à la retenue leurs employés.

3° *Par les communes*, procédant de la même façon que l'Etat pour ses employés.

Ces trois éléments majorent et complètent par des subventions les retenues qui ne peuvent suffire à payer les arrérages des pensions promises.

Ces suppléments obligés ont le grand inconvénient de faire retarder le plus possible la liquidation des retraites individuelles, l'Etat, le département ou la commune devant assurer la subvention du retraité ou supplément de l'employé nouveau à payer.

NOTICE SUR L'ORGANISATION

des retraites pour les fonctionnaires départementaux

Extrait des délibérations du Conseil général du Rhône.

Les caisses départementales pour pensions de retraites de fonctionnaires sont autonomes, mais leur organisation doit être soumise à l'homologation de l'autorité supérieure gouvernementale.

Celle des employés de la Préfecture du Rhône a été créée par une délibération du Conseil général en sa session de 1825 ; elle a été approuvée par ordonnance royale du 25 janvier 1826 ; elle a été réformée dans son organisation le 6 avril 1894, avec effet définitif le 1ᵉʳ juin 1894.

Précédemment, le fonctionnaire avait droit comme retraité, au bout de 30 ans de service, à la *moitié* de son traitement, calculé sur l'appointement des trois dernières années.

Cette pension était augmentée du 20 p. 100 de cette moitié pour chaque année de service au-dessus de 30 ans, sans toutefois qu'elle puisse excéder les deux tiers de ce traitement. Avant trente ans, la pension était liquidée à raison de un soixantième du dernier traitement (décret du 30 avril 1856) (1).

(1) Nous avons pris exemple de retraites départementales dans le Rhône, le règlement de 1894 ayant été précédé dans son application

La retenue était de 5 p. 100.

Le nouveau règlement de juin 1894 édicte quelques modifications importantes :

1° Pension à 30 ans de service, égale aux deux tiers du traitement moyen des trois dernières années ; *accroissement* de un quarante-cinquième de ces deux tiers pour chaque année de présence.

2° La pension obtenue avant 30 ans, calculée sur le quarante-cinquième du dernier traitement pour chaque année de services rendus.

3° *A)* Retenue de 6 p. 100. *B)* Retenue du premier douzième de traitement ou d'augmentation de chacun d'eux. *C)* Des retenues pour congés ou de celles infligées par mesure disciplinaire (1).

4° Pension obtenue limitée aux trois quarts du dernier traitement.

Limite de la pension, 4.500 francs, ce qui n'existait pas dans le règlement de 1826.

D'après l'article 9 des statuts de 1894, les droits à la liquidation de pension prennent date à partir de 18 ans ; il s'ensuit donc qu'un *fonctionnaire* peut se retirer *à 48 ans* avec les deux tiers de son traitement, calculé sur ses trois dernières années de payement, mais ; dans le but d'accroître considérablement leur retraite et d'obtenir le maximum d'avancement, les postulants restent le plus souvent jusqu'à 60 et même 65 ans en fonction, au détri-

par plus de 20 départements, d'après nos renseignements il s'est encore généralisé, il devient presque un statut-type, dans la matière.   .

A. B.

(1) Rapport de M. Sornay, session du Conseil général du Rhône, session ordinaire de 1894, séance du 6 avril.

ment de leurs jeunes collègues restant stationnaires ou n'avançant que très lentement.

En plus de ces avantages personnels, les fonctionnaires ont encore la satisfaction de voir leur retraite reportée, à leur décès, sur leurs veuve ou orphelins.

ART. 22. — La pension de la veuve sera de la moitié de celle dont le mari aura joui ou à laquelle il aurait pu prétendre. Elle ne pourra jamais être inférieure à 200 fr. En cas de décès de celle-ci, la reversibilité de sa pension aura lieu en faveur des orphelins mineurs...

ART. 23. — Si l'employé ne laisse pas de veuve, mais seulement des orphelins, ou si la veuve est inhabile à recueillir la pension ou déchue de ses droits, il sera accordé aux orphelins, jusqu'à leur majorité ou leur émancipation par le mariage, un secours annuel égal à la pension que la mère aurait obtenue ou pu obtenir.

Il sera partagé par égales portions ; la part de ceux qui auront atteint leur majorité, ou qui seront émancipés par le mariage, ou qui décèderaient, fera retour aux mineurs.

Nous avons tenu à résumer dans une notice spéciale le règlement des pensions de retraites départementales, pour appuyer notre démonstration, qu'il est nécessaire de répartir sur l'ensemble de la nation les subventions, les suppléments d'intérêts pour majoration de pensions aux fonctionnaires, qui ne représentent qu'une partie de la collectivité française et qui doit revenir *au droit commun de tous les Français.*

Tableau type de quelques appointements d'employés de ministère

ET BASE DE LEUR RETRAITE

Personnel civil du Ministère de la guerre.

Par an

Directeur		20.000 fr.
Sous-directeur . .	de 1re cl.	15.000 fr.
	2e cl.	12.000
Chef de bureau .	de 1re cl.	10.000 fr.
	2e cl.	9.000
	3e cl.	8.000
	4e cl.	7.000
S.-chef de bureau	de 1re cl.	6.000 fr.
	2e cl.	5.500
	3e cl.	5.000
Rédacteur princi-pal	de 1re cl.	4.500 fr.
	2e cl.	4.200
	3e cl.	3.900
	4e cl.	3.600
Rédacteur	de 1re cl.	3.300 fr.
	2e cl.	3.000
	3e cl.	2.700
	4e cl.	2.400
	5e cl.	2.100
Commis expédit. principal . . .	de 1re cl.	3.600 fr.
	2e cl.	3.300
	3e cl.	3.000
Commis expédit.	de 1re cl.	2.700 fr.
	2e cl.	2.400
	3e cl.	2.100
	4e cl.	1.800
Stagiaire rédacteur		1.800 fr.
— expéditionnaire . .		1.700
Brigadier surveillant .	1.600 à 2.500	
Huissier	1.600 à 2.200	
Fais. fonct. d'huissier.	1.600 à 2.000	
Gardien de bureau . .	1.400 à 1.800	

La pension est basée sur la moyenne des traitements et émoluments de toute nature soumis à retenues dont l'ayant droit a joui pendant ses six dernières années de service.

Elle est réglée pour chaque année de service à 1/60 du traitement moyen et ne peut excéder les maxima ci-après :

TRAITEMENTS

1.000 fr. et au-dessous	750 fr.
1.001 à 2.400 fr.	1/3 du trait. moyen
2.401 à 3.200 fr.	1.600 fr.
3.201 à 8.000 fr.	1,2 du trait. moyen
8.001 à 9.000 fr.	4.000 fr.
9.001 à 10.500 fr.	4.500 fr.
10.501 à 12.000 fr.	6.000 fr.

Ce système de décompte de retraite est employé pour toutes les pensions civiles des employés du ministère et les traitements correspondent également aux traitements d'employés de ministères civils.

Tableau de quelques appointements d'officiers, sous-officiers et soldats

Chiffre approximatif de leur retraite.

	Solde nette annuelle	Retraite à 30 ans de service	Accroissement par campagne ou année de service supplémentaire
Général de division et assimilés. . . .	18.900 »	7.000 »	175 »
— de brigade —	12.600 »	6.000 »	100 »
Colonel et assimilés.	8.136 »	4.500 »	75 »
Lieutenant-colonel et assimilés . . .	6.588 »	3.100 »	65 »
Chef de bataillon — . .	5.508 »	3.000 »	50 »
Capitaine et assimilés { Avant 5 ans de grade	3.492 »	2.300 »	50 »
{ Après 5 —	3.996 »		
{ — 8 —	4.500 »		
{ -- 12 —	5.004 »		
Lieutenant — { 2ᵉ moitié liste d'anc.	2.520 »	1.700 »	40 »
{ 1ʳᵉ moitié —	2.700 »		
{ Après 9 ans de grade	2.988 »		
Sous-lieutenant et assimilés	2.340 »	1.500 »	40 »

	Avant 3 ans	Après 6 ans	Après 9 ans	Après 12 ans	Retraite proportionnelle à 15 ans de service	
Adj. et chef arm. de 1ʳᵉ cl.	2 44	5 10	5 30	5 50 par jour	455 »	15 »
Serg.-maj. et chef arm. 2ᵉ cl.	1 02	3 70	3 90	4 10	395 »	15 »
Sergents et fourriers . .	0 74	3 40	3 60	3 80	365 »	15 »
Caporaux fourriers. .	0 52	»	»	»	347 »	10 »
Caporaux et maîtres-ouv.	0 22	»	»	»	347 »	10 »
Soldats.	0 07	»	»	»	335 »	7 »
Adjudant de gendarmerie. .	1.897 20	1.746 »				
Mar.-chef — . .	1.710 »	1.558 80				
Mar. des logis — . .	1.551 60	1.400 40				
Brigadier	1.501 20	1.350 »				
Gendarme	1.162 80	1.011 60				
Ouvrier d'état . . . { de 1ʳᵉ classe. .	1.908 »					
{ de 2ᵉ classe. .	1.723 »					
Gardien de batterie . { de 1ʳᵉ classe. .	1.908 »					
{ de 2ᵉ classe. .	1.728 »					
Portier-consigne . . { de 1ʳᵉ classe. .	1.296 »					
{ de 2ᵉ classe. .	1.260 »					
{ de 3ᵉ classe. .	1.080 »					
Adj. de la just. milit. { de 1ʳᵉ classe. .	1.056 »					
{ de 2ᵉ classe. .	1.568 »					
Sergent-major de la justice militaire . .	1.296 »					
Sergent de la justice militaire	1.260 »					

Même retraite que les autres militaires de leur grade.

A toutes ces retraites, il faut ajouter les suppléments auxquels les décorations donnent droit — Médaille militaire, Légion d'honneur.

BIBLIOTHÈQUE NATIONALE — R F — IMPRIMÉS.

TABLE DES MATIÈRES

BIBLIOTHÈQUE NATIONALE — R F — IMPRIMÉS

DOCUMENTS ANNEXES

PREMIÈRE PARTIE

DEUXIÈME PARTIE

TROISIÈME PARTIE

Lyon. — Imprimerie A. STORCK & Cⁱᵉ, 8, rue de la Méditerranée.

www.ingramcontent.com/pod-product-compliance
Ingram Content Group UK Ltd.
Pitfield, Milton Keynes, MK11 3LW, UK
UKHW021729090726
13657UKWH00002B/599

9 782019 716103